맞섬과 초월의 눈으로 본
한국기독교역사

맞섬과 초월의 눈으로 본
한국기독교역사

박정신 지음

목 차

책을 펴내며 __ 4

제1강 왜 한국기독교역사인가 __ 7

제2강 한국기독교역사 : 선교사로 읽을 것인가, 수용사로 읽을 것인가 __ 31

제3강 구한말 기독교공동체 : 오늘의 기독교 개혁 본보기로 __ 51

제4강 1907년 대부흥운동의 텍스트와 콘텍스트 __ 73

제5강 일제강점기의 기독교와 민족운동 : 그 물림과 엇물림의 사회사 __ 95

제6강 신사참배 반대운동 : 종교운동인가, 민족운동인가 __ 125

제7강 해방, 분단, 6·25전쟁, 그리고 기독교 __ 139

제8강 오늘의 한국기독교 : 그 꼴과 결의 사회사 __ 169

책을 펴내며

나는 축복받은 사람이다. 시골 교회 목사의 아들로 태어나 어릴 때부터 '규제'와 '억제'의 삶을 꾸려야 했다. 그렇지 않았으면 자기를 앞세우고 남 위에 올라 으스대거나 우쭐대는 '세상의 사람'이 되었을 터이다. 그러나 '규제'와 '억제'의 목사 아들의 삶을 꾸리면서 자기 낮춤, 남 섬김, 남의 생각에 귀 기울이기, 함께 둘러 앉아 동등하게 생각 나누기 따위의 기독교 윤리와 문화를 익혔다. 이게 축복이 아니고 무엇이 축복이겠는가.

그래 나는 축복받은 사람이다. 이러한 목사 집안에서 고통과 기쁨을 함께 나누며 자란 두 형님과 네 누이를 가졌기 때문이다. 말을 하지 않아도 우리는 '목사 자녀임'을 함께 나누며 서로 보호하고 보살피고 안아주려는 마음을 지니고 살았다. 웃음과 눈물도 함께하고자 했고, 김 한 장도 나누고자 했으며, 크고 작은 문제들에 대한 생각도 서로 나누고자 했다. 우리 집안의 자랑인 열띤 대화와 토론의 문화가 바로 여기에 들어선다. 나의 형들과 누이들, 그래, 그들이 있음에 내가 있는 것이다.

나는 축복받은 사람이다. 늦게 만난, 학문 활동하며 만난 아내 구미정과 함께 삶을 꾸리고 있기 때문이다. 내가 글 쓰고 가르치는 일에 몰두할 수 있도록 희생을 해 온 그는 날카롭게 내 논리를 반박하기도

하고, 거침없이 내 글을 교정도 해 준다. 특히 올해 큰 수술을 받으며 사경을 헤맬 때 미정 박사는 항상 내 곁에 있었다. 그의 사랑을 여기에 소중히 기록해 두고자 한다.

그래 나는 분명 축복받은 사람이다. 미국으로 공부하러 가 공부 끝내고 그곳 학계에 오랫동안 있다가 2000년에 돌아온 나를 우리 학계에서 누가 알아주겠는가. 특히 동향, 동학, 동문과 같은 연줄에 기대어 자기들끼리 주고받는 사회에서 이런 연줄을 우습게 여기고 돌파해 나가야 할 것들로 여겨 온 나다. 수많은 전공자들을 뒤로 하고, 이런 나를 새길기독사회문화원에서 초청하여 2006년 8주에 걸쳐 특별강좌를 할 기회를 제공해 주었다. 이에 화답이라도 하듯 나는 열심히 내 생각을 가다듬어 열강을 했으며, 새길공동체와 불꽃 튀기는 논쟁을 벌이면서 학문하는 즐거움도 만끽하였다. 이때 했던 강연을 모아서 2008년에 『한국기독교사의 새로운 이해』라는 책을 펴냈다. 학계 어른들로부터 이런 관심과 사랑을 받은 나는 분명 축복받은 사람이다.

이 책이 제법 알려진 모양이다. 그래서 몇 년 전부터 이 책을 찾는 사람이 많아졌다. 이번엔 내가 사랑하는 후배인 도서출판 말의 최진섭 대표가 이 책을 다시 출간하겠다고 나섰다. 역사학자 이주한의 주선이다. 모두에게 감사드린다.

2017년 8월 28일
박 정 신

제1강

왜 한국기독교역사인가

제1강. 왜 한국기독교역사인가

하나. 기독교와 한국 근현대사

나는 미국에 가 8년을 공부하고 14년을 미국 대학생들을 가르치는 교수로 삶을 꾸리었다. 학생으로 또는 교수로 있으면서 학교 안팎의 미국 사람들을 많이 만나 사귀었다.

내가 그들로부터 받은 인상은 한국을 모르거나 한국에 대해 그리 관심을 가지고 있지 않다는 사실이다. 세계 2백여 나라 가운데 우리 경제가 10번째라고 나라 안에서는 으스대고 뽐내지만, 미국인 대다수는 자기 나라에서 인기 있는 현대차가 한국에서 만든 것이라든지 또는 한국이 아이티 강국이라는 것을 모르며 관심도 없다. 그들은 아직도 한국전쟁을 기억하며 가난한 나라 가운데 하나 정도로 생각하고

---

* 이 강의안은 한국에 있는 외국인들을 위한 한국 역사문화 프로그램에서 행한 강연에 기대어 확대한 것이다. 이 강연은 The Royal Asiatic Society-Korea Branch 의 주최 아래 2005년 12월 13일 Foreign Correspondents Lounge에서 있었다. 강연 제목은 'Protestantism in Korea: Its Growth and Historical Meaning'이었다.

있다. 미국의 일반 시민들이 이처럼 '무지하고 무관심하다'고 생각하는 것은 나만의 생각이 아니다.

　이 '미국 사람들의 무지함'에 자리하고 있는 것 가운데 하나가 막연히 한국은 불교의 나라나 유교의 나라 또는 '미신의 땅'으로 인식하고 있다는 사실이다. 경제성장의 파도를 타고 일본 흉내를 내어 만든 한국국제교류재단은 일찍이 일본국제교류재단이 한 것처럼 미국의 이 대학 저 대학에 '한국학'을 육성한다며 돈을 써대고 있다. 하지만 이것은 '무언가 부족한 나라'가 마치 옛날 조공행각 하듯이 '우리를 알아달라'는 애걸 정도로 그들이 여기는지 별 효과가 없는 것 같고 미국 일반 시민들의 한국에 대한 생각은 전혀 바뀌고 있지 않았다. 그렇다. 우리가 허기진 배를 움켜쥐고 일해서 무역 강국으로, 경제 강국으로 등장했어도, 그리고 세계화 시대를 살고 있는 오늘의 세계에서도 한국은 여전히 잘 모르는 나라 가운데 하나다. 세계화를 주도하는 나라라 하지만 미국의 무지함, 몰세계화를 우리는 여기에서도 읽는다.

　나를 더욱 놀라게 한 것은 자기들(미국을 비롯한 서양 나라들)이 전해주었던 기독교가 한국에서 세계기독교 역사에서 유례를 찾을 수 없을 정도로 아주 짧은 기간에 놀라운 성장을 했으며, 또한 한국의 사회, 문화, 역사의 변동에 큰 동력이 되었다는 것도 모르고 있었다는 사실이다. 그들에게 어찌 이를 기대하겠는가? 할아버지와 아버지가 한국선교사로 있었기에 한국에서 태어나고 자라 미국에서 한국역사로 박사학위를 받은 후 미국대학 역사교수로 있는 나의 친구가 있다. 몇 년

전에 그는 자신의 할아버지와 아버지가 남겨 놓은 자료들을 한국 대학에 기증하고 싶다고 했다. 미국에서는 어느 누구도 거기에 관심을 갖고 있지 않다는 말과 함께 말이다.1 식품점에 꽂혀 있는 타블로이드나 로맨스 이야기를 즐겨 읽는 미국 사람들이고 보면 이것 역시 그들 역사에 줄기차게 흐르고 있는 반지성주의 anti-intellectualism가 그대로 나타난 것이리라.

그렇다면 우리는 어떤가? 나는 오래전에 우리 학계에 만연한 기독교연구 기피 현상을 한탄한 적이 있다. 그 글귀를 여기 옮겨 온다.

'기독교와 한국역사,' 어느 누가, 어느 자리에서, 어떤 생각을 가지고 보든지 그 관계를 한번 보지 않고는 한국 근현대사의 구조와 변동을 인식할 수가 없다. 긍정적이든 부정적이든 그만큼 이 둘은 특수한 역사에서 각별하게 만나 깊게 물리고 엇물리는 역사를 연출하였기 때문이다. 그렇기에 한국 근현대사 서술(연구)에서 기독교의 '온당한 자리'를 찾아주어야 한다. 격동의 한국 근현대사의 굽이굽이마다 뚜렷이 각인되어 있는 이 만남, 물림, 그리고 엇물림을 손바닥으로 하늘을 가리듯 누가, 왜, 아직도 가리고 있는가.2

---

1 이 친구는 텍사스 산 안토니오에 있는 Trinity University 역사학 교수로 있는 Donald N. Clark인데 그의 할아버지와 아버지가 Allen D. Clark과 Charles A. Clark이다.
2 나의 글,「기독교와 한국 역사변동 - 그 만남, 물림, 그리고 엇물림의 사회사」,『한국 기독교사 인식』(서울: 도서출판 혜안, 2004), 125~179쪽, 179쪽에서 따옴. 이 글은 1996년 연세대 국학연구원이 주관한 용재백낙준기념 국제한국학학술대회에서 발표한 것으로서, 유동식 등과 함께 쓴『기독교와 한국역사』(서울: 연세대 출

우리 스스로도 우리의 것, 특히 우리의 기독교와 그 역사를 잘 모르고 있는데, 이는 단순히 무식해서가 아니라, 우리의 (국)사학계에 몸담고 있는 이들이 이념의 오른쪽이나 왼쪽을 막론하고 모두 강한 민족주의 감정을 가지고 있어서 서양에서 온 종교의 역사 연구를 의도적으로 기피하고 무시하는 경향이 있기 때문이라고 생각한다. 우리 자신도 이런데 미국 사람들을 비롯한 서양 사람들에게 무엇을 기대하겠는가?

둘. 서울, 교회당들의 도시

물론 미국의 지식인들 가운데는 한국 기독교에 대하여 주목하고 있는 사람들이 있었다.3 20세기 미국의 대표적 지성 가운데 한 사람으로서 신학자이자 교회사가인 시카고 대학의 마틴 마티Martin Marty는 한국이 비서구 국가 가운데 "가장 기독교화 된 나라 가운데 하나"가 될 것이라고 이미 오래전에 예견하였다.4 『문명의 충돌』로 우리에게 잘 알려진 헌팅턴Samuel P. Huntington조차도 세계문명의 충돌을 논하

판부, 1996)에도 실려 있다.
3 다음의 논의는 나의 영문 저서, *Protestantism and Politics in Korea* (Seattle and London: University of Washington Press, 2003). 서론과 첫째 마당을 읽을 것.
4 Martin E. Marty, "Forward," Everett N. Hunt Jr., *Protestant Pioneers in Korea* (Maryknoll, New York: Orbis Books, 1980), ix~xi쪽을 볼 것.

면서 한국기독교를 언급할 정도다.5 최근 한 학자는 수도 서울을 "교회당들의 도시 a city of churches"라고 일컫고 한국기독교에 주목하고 있다.6 사실 내가 한국기독교 역사에 관심을 기울이게 된 것은 미국대학 도서관에서였다.

1990년대 초 나는 내가 교수로 있던 오클라호마 주립대학교 도서관에 들른 적이 있다. 우연히 『세계기독교연감 World Christian Almanac』에 실린 개신교 통계 가운데 세계 10대 교회 표를 읽게 되었다. 그 가운데 제일 큰 교회를 포함해 다섯 교회가 한국에 있다는 사실을 읽고 놀라움을 금치 못했다. 19세기 말 우리에게 기독교를 전해준 미국, 캐나다, 영국, 그리고 호주와 같은 나라에서 볼 수 없는 현상이 이 땅에 벌어졌다는 사실을 읽었기 때문이다. 그 10대 세계 대형교회에 속한 다섯 교회는 60만 이상의 교인을 자랑하는 1위의 여의도순복음교회, 10만 이상의 교인을 가졌다는 2위의 은혜와 진리교회(당시는 남부순복음교회라고 했다), 6만 가까운 교인을 가진 7위의 금란감리교회, 5만여 명의 교인을 가진 9위의 숭의감리교회, 그리고 4만 이상의 교인을 가진 10위의 주안장로교회였다. 지금 통계를 내면 아마도 명성교회, 광

---

5 새뮤엘 헌팅턴(이희재 옮김), 『문명의 충돌』(서울: 김영사, 2001), 82, 127, 254쪽을 비롯한 여러 곳을 볼 것. 이 책은 그의 *The Clash of the Civilizations and the Remaking of World Order* (New York: Simon & Schuster, 1996)를 옮긴 것이다.
6 Samuel H. Moffett, "Korea," Donald E. Hoke (ed.), *The Church in Asia* (Chicago: Moody Press, 1975), 369~383쪽.

림교회 등도 포함되어 세계 10대 교회에 한국 교회가 7~8개가 포함될 것이다.

그래서 나는 『한국종교연감』을 펼쳐 보았다. 1990년에 약 1천2백만 명의 신도 수를 가진 한국 개신교는 전국에 약 2만5천 개의 교회를 가지고 있음을 알게 되었다. 260만 명 이상의 교인 수를 가진 한국 천주교도 전국에 약 1천5백 개에 달하는 성당을 가지고 있는데, 이것을 한번 포함시켜 보라. 당시 남한 인구가 약 4천350만이니 이 가운데 25퍼센트(어떤 이는 30퍼센트라고 한다)가 기독교 신자였다.[7]

한국 사회와 문화를 알고 상식적인 역사적 상상력을 가진 이들은 이 수치가 가지고 있는 중요한 뜻을 쉬이 읽을 수 있다. 불교신자나 유교신자라고 하는 이들은 불교사찰이나 유교사당을 자주 찾지 않는다. 열렬한 신자나 추종자들이라고 하더라도 석가탄신일이나 공자탄신일과 같은 날을 비롯해 일 년에 한두 번 사찰이나 사당을 찾는다. 그러나 한국의 기독교인들은 적어도 일주일에 서너 번 교회에 간다. 열렬한 신도들은 열 번 이상 교회모임에 간다. 이들은 매일 새벽기도회, 일요일 낮과 저녁, 수요기도회, 구역예배, 학생회, 청년회, 남녀 전도회 모임에 열성적으로 참여한다. 전체 인구의 25퍼센트 이상이 이러한 예배나 종교모임에 정기적으로 참여하고 소속되어 있으니 한국기독교는 가장 강한 응집력을 가진 종교공동체로 자리하고 있다. 그렇

---

[7] 한국종교사회연구소, 『한국종교연감』 (서울: 한국종교사회연구소/한림원, 1993), 83쪽을 볼 것.

다. 한국기독교는 신학이나 교파의 다름이 있지만 사회적으로 어느 종교집단보다도 응집력이 강하고 사람 동원 능력과 영향력을 지니고 있다.8 최근 보수파 교회지도자들이 주도해 수많은 교회 버스로 동원한 '시청 앞 광장의 시위'가 이를 여실히 보여주고 있다.

한국기독교는 지금 수천 명의 선교사를 세계 각지에 보내고 있다. 미국 다음으로 선교사를 많이 파송하는 나라가 한국이다. 우리에게 기독교를 전해 주었다는 미국, 캐나다, 호주와 영국을 비롯하여 일본, 중국, 인도와 같은 아시아 여러 나라는 물론이고 멀리 아프리카나 유럽, 그리고 남미 여러 나라에 선교사를 파송하고 있다. 경제성장으로 피원조국에서 원조국이 된 것처럼 피선교국가에서 선교국가로 위상이 바뀐 것이다. 사실 공산권 나라들, 특히 북한의 문을 연 것도 미국과 캐나다, 그리고 유럽에 있는 한인 기독교인들이었다.9

한국기독교의 놀라운 성장을 이야기할 때 우리는 교회의 수나 교인 수만을 이야기하지 않는다. 이 종교공동체의 사회, 정치, 문화 등 여러 분야에서의 영향도 살펴야 한다. 이를테면, 한국기독교는 일간지「국

---

8 구한말, 일제시대 한국기독교의 응집력에 대한 사회사적 논의를 보기 위해서는 나의 영문 저서, *Protestantism and Politics in Korea*, 넷째 마당을 읽을 것.
9 이를테면, 숭실대 총장을 지내고 미국의 한인교회에서 목회하던 목사 김성락과 같은 해외 한인 기독교 지도자들이 애국심(통일열망)과 선교 이니셔티브로 북한을 방문하고 성경과 찬송가를 전달하였을 뿐만 아니라 북한과 해외동포 기독교인들 사이의 '소통망'을 구축한 것은 1980년대 초부터다. 광주민주항쟁 이후다. 당시 신문 기사를 비롯해 여러 자료가 있으나 보기로서 홍동근, 『未完의 歸鄕日記 미완의 귀향일기』 (미국 로스앤젤레스: 통일신학동지회, 1988)에 실린 김성락의 '축하하는 말'과 기타 여러 곳을 볼 것.

민일보」를 비롯한 수많은 주간신문과 잡지를 내고 있고, 헤아릴 수 없을 만큼 많은 출판사를 가지고 있다. CBS를 비롯한 텔레비전과 라디오, 그리고 인터넷 방송사를 가지고 있을 뿐만 아니라 YMCA와 같은 수많은 사회단체를 가지고 있다. 여기에다 숭실, 연세, 이화, 계명과 같은 전국 각지에 수많은 기독교계 학교를 가지고 있다. 이처럼 한국 기독교는 우리 사회, 문화, 그리고 교육 분야에서 엄청난 영향력을 행사하고 있다.

정치계와의 관계는 어떤가. 해방정국을 주도했던 이들 ─ 보기를 들어, 북한의 조만식, 이윤영, 남한의 여운형, 이승만, 김 구, 김규식 ─ 이 모두 기독교 인물이었다. 북쪽은 다음 기회로 미루고 우선 남쪽만 논의해 보자. 초대 대통령이 기독교 장로인 이승만, 두 번째가 역시 장로인 윤보선이었다. 김영삼도 장로였고 김대중은 장로인 부인 이희호와 함께 유명한 에큐메니칼 부부로 기독교계와 유대가 깊은 천주교인이다. 박정희도 선거유세 때 기독교인들의 표를 얻기 위해서였겠지만 일제 때 어린 시절 십여 리를 맨발로 걸어 주일학교에 다녔다고 했다. 남한 대통령 다수가 이처럼 기독교인이거나 기독교와 이어져 있다. 사실 대통령선거를 비롯한 여러 선거 때가 되면 후보들은 교회를 찾아가 인사하는 것이 오랜 관행이 되었다. 국회의원이나 고급관리들의 40퍼센트 이상이 기독교인이다.

그렇다. 기독교인들은 남한사회 어느 자리에 가도 있다. 정부, 국회, 법조, 기업, 학교, 언론 어떤 분야에도 지도자의 자리에 있다. 교회는 서울을 비롯한 도시에만 있는 것이 아니라 농촌, 어촌 가릴 것 없이 어느 곳을 가나 십자가가 들어서 있다. 등대만 있는 작은 포구 마을에도 교회는 어김없이 있다. 기독교는 엄청난 교세(조직과 신도 수)와 영향력을 지닌 사회세력으로 떠올라 있다. 요즈음에는 이러한 교세를 이용하여 정치적 영향력을 가져 보려는 뉴라이트와 같은 움직임도 보인다.

1988년 서울 올림픽 전후의 사정이 생각난다. 나라 안에서는 올림픽을 개최한다며 야단법석을 할 때 나라 밖에서는 한국에 대한 비판이 치솟았다. 히틀러가 정치적으로 이용한 베를린 올림픽과 견주며 군부독재자 박정희에 이어 광주민주항쟁을 무력으로 진압하고 권력을 침탈한 전두환과 노태우와 같은 군부독재자들이 서울 올림픽을 정치적으로 이용한다고 했다. 이들의 비판에는 구로공단의 '닭장'(기숙사)에서 착취당하고 있는 노동자의 이야기도 있었다. 올림픽 유치를 위해 재벌 총수들이 나서서 미인계를 썼다느니 돈을 뿌렸다느니 하는 소문이 꼬리를 이었다. 매일 데모가 이곳저곳에서 일어난다고 했으며 한국 사람들을 '개고기 먹는 이들'로 묘사하기도 했다. 서울을 아예 '보신탕의 도시 a city of dog soup'로 그리는 이들도 있었다.

이때 한국 정부와 서울 올림픽 조직위원회는 이러한 여론과 이미지를 바꾸려고 이른바 '친한파' 지식인들(대학교수들, 언론인들, 그리고 종교인들)을 초청하였다. 물론 '공짜 여행'이었다. 이 공짜여행을 다녀간 어떤 미국의 친한파 인사가 '서울, 교회당들의 도시 Seoul, A City of Churches'라는 글을 쓰기도 했다.10 그는 서울의 한 버스 정류소에서 버스를 기다리다가 우연히 교회당들(십자가 사인)을 세어 보게 되었는데, 한 곳에서 열 개가 넘는 교회를 보고 놀랐다고 했다. 그는 서울을 비롯한 수도권에 만여 개의 교회가 들어선 통계도 보았을 것이다. 그의 글에는 물론 서울의 이미지를 '보신탕의 도시'에서 '교회당들의 도시'로 바꾸어보려는 뜻이 숨어 있다. 1988년 가을, 서울올림픽이 끝난 후 나도 서울의 한 버스 정류소에서 이 글을 생각하며 교회당들을 세어본 적이 있다. 어머니가 돌아가시게 되어 미국 대학을 휴직하고 한국을 방문했을 때의 일이다. 한 곳에서 23개의 교회를 세었다. 그 당시에 "한국에서는 매일 6개의 교회가 새로 생긴다"는 이야기가 있을 정도였다.11

돌아가신 어머니 장례를 치르고 홀로되신 아버지와 몇 달을 지내다가 미국으로 돌아갔다. 아버지와 함께 있는 동안 이곳저곳 식당에 들렀었다. 그러던 어느 날 목사이신 아버지와 함께 냉면을 먹으러 집에서 가까운 식당으로 나섰다. 어느 아파트단지를 지나면서 신기한 것을 보았다. 상가 5층 건물에 교회가 세 개나 들어서 있었다. 5층에 장로교, 2층에 감리교, 지하에 침례교, 이처럼 한 건물에 세 개의 교회가 들어서 있는 것이었다. 지하에, 그렇다, 지하에 침례교회가 들어서 있다는 사실에 또다시 놀랐고 신기하게 생각했던 기억이 있다. 이러한

---

10 Moffett, 윗글을 볼 것.
11 Ro Bong-Rin and Martin L. Nelson (eds.), "Preface," *Korean Church Growth: Explosion* (Taichung, Taiwan: Asian Theological Association/World of Life Press, 1983), 1쪽을 볼 것.

광경은 세계 어느 나라 어느 도시에서도 볼 수 없다. 뉴욕에서도, 런던에서도, 토론토에서도, 그리고 시드니에서도 볼 수가 없다. 그렇다. 한국은 '가장 기독교화 된 나라' 가운데 하나이고, 수도 서울은 '교회당들의 도시'임에 틀림없다.

그런데 미국으로 돌아가 동아시아사 강의를 준비하며 이런저런 자료를 읽다가 서울은 단순히 '교회당들의 도시'라고 해서는 부족하다고 생각하게 되었다. 14세기 후반, 그러니까 1392년 조선왕조가 창건되기 바로 직전 고려 말에 수도 개경(지금의 개성)을 방문한 어느 중국 사람의 여행에 대한 이야기를 읽었기 때문이다.[12] 그는 고려 수도 개경을 "세계 불교의 수도 the capital city of Buddhism in the world"라고 했다. 개경 안팎에 70여 개의 불교사찰이 들어서 있었기 때문이다. 그렇다면, 만여 개 이상의 교회가 들어선 수도 서울과 이른바 수도권을 그가 지금 방문한다면 그는 분명 수도 서울을 단순히 '교회당들의 도시'라고 하지 않고, '세계 기독교의 수도 the capital city of Protestantism in the world'라고 하지 않을까?

1980년대 내가 미국대학 교수로 있을 때 미국 아시아계 사회에서는 다음과 같은 이야기가 널리 퍼져 있었다. 중국 사람이 이민 올 때는 젓가락을 가지고 온다. 중국 음식점을 내기 위해서다. 일본 사람은 작은 전자계산기를 가지고 온다. 미국에서 작은 가게라도 열고 사업을

---

[12] Andrew C. Nahm, *Korea: Tradition and Transformation* (Seoul: Hollym, 1988), 77쪽을 볼 것.

하기 위해서다. 한국 사람은 성경을 들고 온다. 교회를 다니기 위해서다. 그래서인가. 미국 어느 곳을 가도 중국 음식점 없는 데가 없고, 어느 곳을 가도 일본 사람들이 하는 사업체 없는 곳이 없으며, 미국 어느 곳이든 한국 사람들이 있는 곳에는 교회가 들어서 있다. 그렇다. 한국 사람들이 많이 사는 로스앤젤레스, 뉴욕, 시카고, 샌프란시스코, 시애틀과 같은 도시에 가보라. 수많은 한인교회들이 들어서 있다.

  내가 교수로 있었던 오클라호마 주 스틸워터라는 작은 캠퍼스 타운의 이야기를 한번 해보자. 이 타운은 학생과 교수 및 직원이 약 2만 명, 그들 가족과 이들을 위해 사업을 하거나 장사를 하는 이들을 포함 전체 인구가 약 4만이다. 한인 유학생이 백 명은 항상 넘지만 150명은 되지 못하는 미국 남서부에 위치한 오클라호마 주립대학교가 있는 곳이다. 이 타운 안팎에서 삶을 꾸리는 한인교포의 수는 고작 20여명이다. 나는 1990년에 그곳에 갔는데 이 작은 캠퍼스 타운에도 한인교회가 있다는 사실에 놀라지 않을 수 없었다. 미국교회를 빌려 예배를 보다가 1990년대 중반에는 땅을 사서 아담한 교회당을 지었다. 교인 고작 40~50명이 말이다. 전임목사의 월급을 주고, 한글학교도 세우며 '한국 사람들의 거점'으로서 한국문화를 소개하는 곳으로 자리하고 있는 것을 직접 보았다. 그렇다. 한국 사람이 있는 곳에는 교회가 어김없이 들어서 있다.

셋. 중국, 일본과 비교되는 한국 교회의 성장

우리가 익히 알고 있듯이, 1882년에 조미수호조약이 체결되고 1884년에 의사인 앨런 Horace N. Allen이 개신교 선교사로서는 처음으로 한국에 왔다. 이듬해 1885년에는 목사인 언더우드 Horace G. Underwood와 아펜젤러 Henry G. Appenzeller가 이 땅에 들어왔다. 그 후 기독교는 지속적으로, 앞서 말한 것처럼, 세계선교사상 찾아보기 힘든 기적적인 성장의 역사를 연출하였다. 이제 비서구세계에서 "가장 기독교화 된 나라 가운데 하나"라고 치켜세우는 이도 있고, 수도 서울을 "교회당들의 도시"라고 부르는 이도 있게 된 것이다. 그렇다. 지난 한 세기 이 땅에서 기독교는 지속적으로, 놀랍게, 그리고 기적적으로 성장하였다.

이러한 한국기독교의 역사를 이웃한 중국이나 일본의 기독교 역사와 비교해보면 우리는 더욱더 놀라움을 금치 못한다.[13] 이전으로 더 올라갈 수도 있지만, 영국의 선교사 모리슨 Robert Morrison이 중국선교를 위해 1807년에 중국에 갔고, 일본의 경우도 중국과 마찬가지로 이전으로 더 올라갈 수 있지만, 공식적으로는 1860년 침례교 선교사 고블 Jonathan Goble로 시작한다고 하더라도, 앨런이 조선에 온 1884년보다는 훨씬 앞선다. 지금과 비슷한 상황이지만, 서양 사람들은 중국과

---

[13] 중국의 기독교 역사는 조훈, 『로버트 모리슨』(서울: 신망애출판사, 2003)과 Daniel H. Bays (ed.), *Christianity in China* (Stanford: Stanford University Press, 1996)를 보고, 일본의 기독교 역사는 Richard H. Drummond, *A History of Christianity in Japan* (Grand Rapids, Mich.: William B. Eerdmans, 1971)을 볼 것.

일본을 더 중요히 여기고 있어서 외교관들이나 선교사들이 해외로 나갈 때 인도나 중국, 그리고 일본을 더 선호했다. 그래서 더 일찍, 더 많은 선교사들이, 더 많은 선교자금을 가지고 중국과 일본으로 가 선교하였다. 하지만 우리가 익히 알고 있듯이 중국과 일본에서의 선교사업은 실패하였다. 중국이나 일본의 기독교인 수는 전체 인구의 1퍼센트나 될까? 그래서 다음과 같은 지적 호기심이 생긴다.

왜 서양에서 온 이 종교가 유교의 땅이자 서양 사람들을 지극히 혐오했던 조선(이후는 한국)에서 이처럼 지속적이고 놀랍게 성장하였는가? 더 일찍, 더 많은 선교사들이, 더 많은 선교자금을 가지고 시작한 일본이나 중국에서는 기독교가 뿌리를 내리지도 성장하지도 못했는데, 뒤늦게, 적은 수의 선교사들이, 적은 선교자금을 가지고 시작한 조선에서만 이처럼 성장하였는가? 이 놀라운 조선 기독교의 성장의 역사적 의미는 무엇인가?14

넷. 한국 기독교역사에 관심을 가져야 하는 이유

한국에서 기독교의 성장을 논의하는 것은,

첫째, 한국, 일본, 그리고 중국의 근현대사의 특성을 밝히는 중요한

---

14 나는 이를 심도 있게 논의한 바가 있다. 나의 영문 저서, *Protestantism and Politics in Korea,* 첫째 마당을 읽을 것.

연구 주제가 된다. 중국과 일본에서 초기에 성장하던 기독교가 19세기 말이나 20세기 초에 급 하강곡선을 그리며 기독교운동이 쇠락했는데, 왜 조선에서는 급 상승곡선을 그리며 지속적으로 성장하였는가? 이것은 동북아시아 세 나라 근현대사의 서로 다른 모습, 다시 말하면 특성을 밝히는 주요 주제가 된다.

이를테면, 중국에 기독교를 전해준 영국과 같은 서양 나라들은 중국에게는 제국주의 나라들로서 적이었다. 1839년에 시작하여 1842년 남경조약이라는 불평등조약으로 막을 내린 1, 2차 아편전쟁을 시작으로 그 후 계속해서 중국을 괴롭힌 나라가 기독교를 전하는 서양 나라들이었다. 선교사들이 베푸는 교육과 의료사업 따위를 고마워하면서도 바로 이들의 제국주의 침탈 때문에 그들의 종교인 기독교를 받아들일 수가 없었던 것이다.

일본은 1868년 명치유신 이후 약 20년은 서구화의 시기였다.15 역사학자 샌섬 George Sansom이 말한 것처럼, 서양 것이면 무엇이라도 좋아했던 일본 사람들은 이 시기에 서양문명이라는 '술에 취해 있었던intoxicated'것이다. 그래서 이 시기에는 기독교 선교 사업이 호황을 이루고 있었다. 명치유신 이후 20여 년간 철도다 은행이다, 교육이다 군대다, 사회문화와 정치 모든 분야에서 서양 것을 모방하며 '개혁'하

---

15 일본의 근대 역사의 일반적인 흐름을 보기 위해서는 박영신/박정신 옮김,『근대 일본의 사회사』(서울: 현상과 인식, 1993), 특히 5~7장을 볼 것. 이것은 Kenneth B. Pyle, *The Making of Modern Japan* (Lexington, Mass. and Toronto: D.C. Heath and Co., 1978)을 옮긴 것이다.

던 일본은 급속히 이러한 '전적인 서양화 a total westernization'의 길을 걸었다.16 부국강병을 이루겠다는 정부 관리나 지식계급만 아니라 어린아이들까지도 서양 것을 동경하였다. 샤이너 Irwin Scheiner가 관찰한 대로 이 시기에는 기독교가 성장하고 있었다.17

그러다가 1890년대에 들어서면서 기독교는 쇠퇴의 길로 들어서게 된다. 우리가 익히 알고 있듯이, 서양을 줄기차게 모방하여 서구 열강으로부터 인정받으려고 미치도록 외길을 달려온 일본은 이제 충분히 서양화를 이루었다고 생각하고 그 증표로 서양열강들과 맺은 이른바 '불평등조약들'을 개정하려고 끈질기게 힘썼다. 일본의 이러한 노력이 번번이 서양 제국에 의해 거절당하자 민족적 좌절감과 분노가 치솟게 되었다. 특히 청일전쟁 후 승리감에 도취된 일본 사람들은 러시아, 독일, 프랑스의 이른바 '3국 간섭'이 있자 인종적 차별을 느끼게 되었다. 일본 전역에 반서양 정서가 치솟게 되었다. 이 반서양 국가주의 물결이 휘몰아칠 때 이제까지 강조하던 서양의 가치는 뒷전으로 밀려나고 천황제가 급작스레 무대 위로 오르고, 옛 가치인 충효사상이 다시 강조되기 시작하였다. 바로 메이지 일본에서 벌어진 기독교 성쇠의 역사가 이러한 역사 변화와 이어져 있는 것이다.18 다시 말해서, 친서양화

---

16 George Sansom, *The Western World and Japan: A Study in Interaction of European and Asiatic Cultures* (New York: Alfred A. Knopf, 1950), 378쪽.
17 Irwin Scheiner, *Christian Converts and Social Protest in Meiji Japan* (Berkeley: University of California Press, 1970), 8~12쪽을 볼 것.
18 William K. Bunce, *Religions in Japan: Buddhism, Shinto, Cjhristianity* (Rutland,

시대에 성장하던 기독교가 반서양 국가주의 돌풍이 몰아치자 쇠퇴하기 시작한 것이다.

그런데 중국과 일본에 못지않은 반서양 정서로 뒤덮여 있던 조선, 그래서 기독교에 대해 거부감이 강했던 조선에서는 중국, 일본과는 전혀 다른 역사가 펼쳐진 것이다. 조선 사람들에게 제국주의 적으로 등장한 것은 기독교를 전하고 있었던 미국을 비롯한 서양 나라들이 아니라 '서양화한' 이웃 일본이었다. 바로 일본이 '조선의 적'으로 떠오를 때 서양에서 온 종교에 대한 적대감은 약화되고 일본을 강하게 만든 그 서양문명을 받아들여 강한 나라를 만들어보자는 열망이 치솟아 올랐다. 이제 많은 조선 사람들은 일본을 통하지 않고, 일본을 강하게 만든 그 서양문명을 목 타게 접촉코자 하였다. 여기에 기독교가 들어선다. 이미 조선에 들어와 학교나 병원을 세우고 선교를 하던 기독교가 반일감정이 치솟고 있을 때 급상승곡선을 그리며 성장하게 된 것이다.19

이처럼 한국기독교의 역사를 중국과 일본과 같은 이웃 나라의 기독교 역사와 비교연구 함으로써 우리는 이 나라들의 서로 다른 근현대 역사를 읽어낼 수가 있다. 친서양, 친기독교적인 역사 상황이 전개되었기 때문에 한국에서 기독교가 급성장할 수가 있었다는 말이다. 만약 기독교를 전하는 서양 나라들이 한국에 '제국주의 적敵'으로 등장하였

Vernon and Tokto: Charles E. Tuttle Co., 1955), 157~159쪽을 볼 것.
19 나의 영문 저서, *Protestantism and Politics in Korea*, 첫째 마당을 볼 것.

다면 과연 이 땅에서 기독교가 이처럼 성장하고 영향력을 지닌 종교공동체로 자리하게 되었을까?

둘째, 위의 관심과 이어지는 것이지만, 한국기독교의 성장, 더 포괄적으로 한국기독교의 역사는 우리 근현대의 역사변동과 어떠한 이음새를 가지고 있는가 하는 지적 관심이다. 한국기독교는 우리의 근현대사와 굽이굽이마다 엉켜져 있다. 이를테면 구한말의 새로운 사회운동, 새로운 문화운동, 독립협회운동, 일제시대 3·1운동을 비롯한 민족독립운동, 신사참배 거부운동과 기독교는 이어져 있다. 3·1운동 후 좌우 이념으로 나뉘어 있었던 민족독립운동을 통합하려 했던 이른바 신간회운동은 이상재와 같은 기독교 지성이 그 중심에 서 있었다. 1920년대의 이후의 사회주의나 공산주의운동, 건국준비위원회와 같은 해방 전후 좌우의 여러 정치세력과 운동을 연구할 때도 기독교를 다루지 않을 수 없다. 여운형, 허 헌, 안창호, 김규식, 김 구, 조만식, 이승만, 박희도, 최문식 등 기독교계 인물들이 이념의 좌우를 통틀어 한국 현대사의 꼴과 결을 이루고 있기 때문이다. 기독교를 연구하지 않고는 우리의 근현대사를 총체적으로 인식할 수가 없다는 말이다.[20]

셋째, 우리가 한국기독교 역사에 관심을 가지는 이유는 바로 이 종

---

20 자세한 논의는 나의 연구비평, 「한국현대사에 있어서 개신교의 자리」, 『씨알의 소리』, 1989년 3월호, 181~189쪽을 볼 것.

교공동체가 오늘의 우리 사회에서 막강한 사회 세력으로 떠올라 있기 때문이다. 우리 민족공동체의 이제와 올제(내일)를 내다보기 위해서도 이 종교공동체가 어떠한 모습으로 자리해 있고 또 움직이고 있는지 살피지 않을 수가 없다. 이를테면, 이 거대한 종교공동체가 민족통일 문제에 대해 어떠한 생각을 가지고 있는지, 이념적 갈등, 빈부갈등, '강남'과 '강북'의 갈등, 환경문제 등에 대한 기독교공동체의 입장이 무엇인지 관심을 가지지 않을 수가 없다.21 나는 이미 어떤 포럼에서 다음과 같이 이야기를 한 적이 있다.

> 일제 후반기에 들어서서 이 종교공동체는 서서히 사회의 기득권을 가진 세력 쪽으로 움직였다. 교회가 제도화되고, 지도자들이 계급화되면서 교회는 사회갈등과 같은 사회 현안들을 외면하기 시작하였다. 오늘날의 이 땅의 교회는 사회의 여러 현안과 갈등을 단순히 피하는 것도 아니고, 그 갈등의 한가운데서 갈등을 치유하거나 통합하려는 것도 아니며, 오히려 갈등의 한쪽 끝에서 갈등을 더욱 부추기고 심화시키는, 한마디로 말해 갈등 세력의 하나가 되어 있다고 보인다. 오늘의 한국기독교를 바라다보는 우리의 마음이 우울한 것은 바로 이 때문이다.22

---

21 나는 이에 대해서 논의한 적이 있다. 새길기독사회문화원 주최 정기포럼, 「우리 사회의 갈등, 해법은 없는가?」에서 발표한 '우리 역사를 통해 본 사회 갈등과 기독교'를 참조할 것.
22 윗글, 결론 부분.

그렇다. 오늘 한국기독교는 하나의 이해집단이 되었다. 민족의 이제와 올제를 걱정하는 이들이 이 종교공동체를 바라다보며 비판하는 것도 바로 이 때문이다.

넷째, 그래서 한국기독교 안팎에서 개혁의 소리가 드높다. 무엇을 어떻게 개혁하여야 할 것인가? 나는 일찍이 한국기독교가 천박한 물량주의, 이기적 기복신앙, 그리고 전투적 반공주의 늪에 깊이 빠져 허둥대고 있다고 질타한 적이 있다.[23] 대형교회 주도 아래 시청 앞 광장 등에서 빈번히 펼쳐진 반공, 친미집회와 최근의 친박 태극기 집회에 주도적으로 참여하는 기독교인들의 모임을 보고 한국기독교가 '세상'에 너무 빠져 당연히 지니고 있어야 할 '초월성'을 완전히 잃어버렸다고 우려하고 있다. '초월적 존재인 하나님'을 믿는다는 이들이 왜 빈부를 초월하지 못하고, 지역과 이념을 넘어서지 못하여 한쪽에 치우쳐 그 반대편에게 삿대질을 하는 것일까? 우리가 한국기독교, 그리고 이 종교공동체의 역사를 새롭게 읽어보려는 뜻은 바로 이 거대 종교공동체가 민족의 이제와 올제에 막강한 영향력을 지니고 있다고 보기 때문이다.

---

23 나의 책, 『한국기독교 읽기』(서울: 다락방, 2004), 특히 174~195쪽을 볼 것.

다섯. 초월의 신앙을 가진 기독교공동체

앞에서 단편적으로 언급된 지적 관심과 더불어서 나는 한국기독교의 역사를 다음과 같은 시각에서 논의할 생각이다.

첫째, 구한말 유교 사회에서 잉태된 기독교공동체를 '초월의 신앙'을 가진 이들의 종교공동체로 보고 그 역동적 모습을 그려내고자 한다. 작지만 응집력이 강했고, 유교적 사회 질서와 긴장관계에 있었던, 그래서 유교사회의 갈등 요소를 '초월의 신앙'으로 극복하면서 새로운 사회질서를 구축하려고 몸부림친 공동체로 읽고자 한다.

둘째, 이 초기 기독교공동체를 역동적으로 읽으려면 구한말, 서양 선교사들이 들어오기 전 조선 사람들이 먼저 '복음'을 받아들이게 된 그 역사를 새롭게 조명해야 한다. 우리의 시각을 선교사들의 노력이나 선교전략을 중심으로 읽어서는 수동적인 모습을 담게 된다. 주체적인 수용이 역동적인 종교공동체의 모습을 낳게 되고, 그래야만 이 공동체의 역동적 성장을 읽게 되리라고 생각하기 때문이다.

셋째, 이 종교공동체의 역동적인 성장의 역사는 암울했던 우리의 근현대사와 이어져 있으므로 당연히 이 공동체와 구한말의 개혁운동과 일제강점기 민족독립운동의 역동적인 관계를 논의할 터이다.

넷째, 이 종교공동체가 민족의 고락과 함께하며 성장하는 과정에서 제도화됨에 따라 공동체 안에 자리와 이권이 생기게 되었다. 여기에 '종교 계급'이 생기게 된다. 이들이 자리와 이권을 두고 쟁투도 벌이고, 스스로 '제도권'의 기득권을 가지게 되면서 '초월'을 이야기하나 '초월성'을 잃어가면서 '세상의 공동체'가 되어갔다. 세속적 가치가 이 초월의 공동체 안에 들어와 자리하기 시작하였다.

다섯째, 해방 후 남한의 기독교는 천박한 물량주의, 이기적 기복신앙, 그리고 전투적 반공주의 늪에 빠져 그 초월성을 상실하게 되었다. 세상적 가치와 질서에 맞선 초기 기독교인들과는 반대로 세상질서에 안주하고 세상에서의 성공이 '축복'이 되는 '세상에 속한 종교공동체'가 되었다. 세상의 갈등이 이 종교공동체 안의 갈등이 되고, 세상의 빈부, 이념, 지역의 다름이 고스란히 공동체 안에 자리하게 되었다. 초월성에 터한 통합의 공동체가 아니라 오늘의 우리 사회 갈등의 한쪽에 서서 갈등을 부추기는 공동체로 자리하고 있다.

여섯째, 그래서 이 공동체가 초월성을 회복하고, '하나님 나라'를 기다리는 이 땅에서 이념, 지역, 빈부와 같은 여러 차이를 넘어 초월에 기댄 화해, 평화, 통합의 중심에 서는 종교공동체가 되기를 기도하는 가난한 마음으로 우리 기독교의 역사를 이해하고자 한다. 한국기독교와 우리 민족공동체의 이제와 올제를 위하여!

제2강

한국기독교역사 :
선교사로 읽을 것인가,
수용사로 읽을 것인가

제2강. 한국기독교역사: 선교사로 읽을 것인가, 수용사로 읽을 것인가

하나. 주체적 수용사의 시작으로 읽어야

한국기독교 역사 서술은 쓰는 이들마다 이상하게 똑같다. 이를테면, 한국기독교사가 개교회사이든 교파사이든 또는 기독교 단체사나 통사이든 처음 부분이 이상하게 비슷하다. 우리 일반 학계와 마찬가지로 기독교사학계에도 학파가 없어서인지, 그래서 시각이나 방법론의 차이가 없어서인지 처음 부분이 거의 같다.1 서북지방 청년들의 만주 나들이, 그곳에서 서양 선교사들과의 우연한 만남과 개종, 이들의 성서번

---

* 이 글도 나의 연구서들, 『근대한국과 기독교』(서울: 민영사, 1997), 『한국기독교사 인식』(서울: 혜안, 2004), 『한국기독교 읽기』(서울: 다락방, 2004), 그리고 나의 영문 저서, *Protestantism and Politics in Korea* (Seattle and London: University of Washington Press, 2003)에 기대고 썼다.
1 나는 꼭 한 번, 그렇다 꼭 한 번 개교회사를 쓴 적이 있는데 이때 여러 개교회사를 살핀 적이 있다. 박정신/한성택, 『한 알의 씨앗이 옥토에 떨어지다 - 반야월교회 100년사, 1905~2005』(대구: 반야월교회 100주년준비위원회, 2005).

역 참여와 고향에서의 전도를 한두 쪽 쓴다. 그리고 일본에 간 이수정의 개종과 성서번역 참여를 이어서 언급한다. 그리고 난 다음 의료선교사 앨런, 목사인 언더우드와 아펜젤러 이야기, 선교학교와 병원 설립으로 이어진다. 그 뒤에는 선교전략이나 방법, 민족의 수난과 교회의 성장을 이야기 하다가 교파나 교회, 그리고 기관의 역사가 들어선다. 이때부터는 글쓴이가 속한 교파나 교회, 그리고 기관, 또는 글쓴이가 대상으로 삼은 교파나 교회, 그리고 기관이 한국기독교사의 주역이 된다. 마치 우물 안에서 하늘을 쳐다보듯이 말이다.

이러한 '교회 안의 역사학자들in-house historians'의 비역사적이거나 몰역사적인 한국기독교사 서술에는 이야기는 있어도 시각이 없다. 그래서 우리는 이렇게 묻는다. 도대체 한국기독교사의 주체는 누구인가? 서양선교사들인가? 아니면 조선(한국)사람들인가? 한국기독교사의 주체를 누구로 보느냐에 따라 그 서술과 인식이 달라지기 때문이다. 한국기독교 역사의 주체를 누구로 보느냐에 따라 이 종교공동체의 어제와 이제의 서술과 인식이 다르게 되고, 그 다른 인식에 따라 이 종교공동체의 올제에 대한 다른 그림을 그리게 된다.

이를테면, 그 주체를 서양 선교사들로 보면 한국기독교사는 선교사宣敎史가 된다.2 그래서 복음을 '땅 끝까지' 전하려는 사명감을 가진 서

---

2 나는 한국기독교사를 인식하는 두 가지 시각인 선교사관과 수용사관을 견주며 논의한 적이 있다. 나의 글 「백낙준과 김양선의 기독교사 인식-이른바 '선교사관'과 '수용사관'의 꼴과 결」, 나의 연구서 『한국기독교사 인식』에 실려 있음.

양 선교사들에 주목한다. 이 서양 선교사들이 낯선 곳, 말이 다르고 생활환경이 다른 땅 조선에 와서 힘겹게 정착하고 고독한 삶을 꾸리면서, 때로는 '테러'도 당하고, 아, 심지어는 자살을 하기도 한 '사도행전적 이야기'에 주목한다. 이 시각은 이처럼 서양 선교사들의 헌신과 노력, 그들의 선교방법과 전략 같은 것을 주로 보게 된다. 이 땅의 기독교의 놀라운 성장도 이들의 것이 된다. 그러나 이 선교사적 시각을 가지고 한국기독교사를 읽으면 '한국기독교사'가 되지 않고 한국기독교사는 기독교 '세계선교사'의 한부분이 된다. 그래서 한국기독교사는 세계선교의 성공적 역사의 한 보기가 될 뿐이다.

그러나 이 시각은 조선(한국)이라는 구체적 역사 현장과 한국 근현대라는 구체적 시대에 기독교와 조선 사람들이 각별하게 만나 물리고 엇물리는 바로 '이 각별한 역사'를 읽어낼 수가 없다. 우리가 이 각별한 역사의 주체를 조선 사람들로 보자는 이유가 바로 여기에 있다. 이 각별한 역사에서 나타난 종교공동체의 역동성을 읽고, 이 종교공동체가 그 역동성을 상실해 가는 역사, 그리고 무기력한 거대 종교공동체의 모습을 우리는 읽고자 하는 것이다. 한국기독교사를 주체적 수용사의 시각으로 읽을 때 기독교의 놀라운 성장, 그 역동성, 그리고 그 무기력한 모습도 그려낼 수가 있다. 한국기독교사의 아름다운 모습의 주인공도 한국 사람이 더러운 모습의 주인공도 한국 사람이며, 그 어제의 주인공도, 그리고 그 올제의 주인공도 한국 사람이라는 인식태도가 바로 주체적 수용사관의 시작이다.

둘. 기독교와 조선의 만남, 그 특수한 역사적 콘텍스트

앞에서도 논의하였지만, 한국기독교사를 이웃하는 중국이나 일본의 기독교 역사와 견주면서 읽으면 한국기독교사를 주체적 수용의 시각으로 읽어야 하는 이유를 쉬이 알게 된다. 우선 기독교의 놀라운 성장을 살펴보자. 선교사적 시각으로 이 문제에 관심을 가지는 이들은 항상 초기 선교사들의 선교정책과 방법을 이야기 한다. 이들이 내세우는 것은 바로 '네비우스 방법 the Nevius Method'과 간접선교 전략이다.3 우리가 익히 알고 있듯이 초기 조선 선교사들이 선교의 결실이 부진하자 그 타개책을 모색하기 위해 중국 산동성에서 오랫동안 선교해 온 네비우스 John L. Nevius 선교사를 초청하여 그에게 선교 경험과 지혜를 듣기로 하였다. 그것이 1890년의 일로서, 그들은 2주 간 네비우스 선교사와 함께하였는데, 그 결과 세 가지 선교 방법을 내어놓았다. 이것이 바로 네비우스 방법이다.

짧게 말하면, 이것은 토착민 스스로 전도케 하고 self-propagation, 토착 기독교인들이 재정적으로 스스로 서게 하고 self-support, 그리고 토착 기독교인들로 하여금 그들 교회를 스스로 운영하고 다스리게 하는 self-government 내용을 담고 있다. 그래서 초기 선교사들은 직접 나서

---

3 '네비우스 방법'에 대한 상세한 논의는 Charles A. Clark, *The Korean Church and the Nevius Method* (New York: Flemming H. Revell Co., 1930)에서 쉬이 볼 수 있다.

서 선교하기보다는 학교나 병원을 설립하여 교육과 의료 사업을 통해 조선 사람들을 접촉하고 선교하는 이른바 간접선교 방법을 택했다. 이러한 선교전략과 방법이 기독교가 이 땅에 뿌리를 내리고 가지쳐 뻗어 나가는데 큰 도움이 되었을 것이다.

이를테면, 당시 조선 사람들은 선교사들을 비롯한 서양 사람들에게 깊은 의구심과 강한 적대감을 가지고 있었기 때문에 교육, 의료, 사회사업을 통해서 이들을 접촉할 수가 있었다. 이러한 간접선교 활동을 통해 조선 사람들이 가진 서양 사람들에 대한 의심과 적대감은 느리지만 약화시키기도 했을 터이다. 사실 선교학교와 병원을 통하여 개종자를 얻을 수 있었고, 선교학교와 병원 안팎에서 초기 기독교공동체가 잉태되었다. 그러니까 '네비우스 방법'이나 '간접선교 전략'은 초기 한국기독교의 성장에 분명 긍정적 기능을 하였다.

그러나 이것만으로, 다시 말해서, 선교사들의 희생과 노력, 그들의 선교 정책이나 방법으로 한국기독교의 놀라운 성장의 역사를 만족스럽게 설명할 수가 없다.4 네비우스 방법이나 간접선교 전략은 조선에서만 아니라 거의 모든 피선교지에서 채택하여 실시하였다. 중국에서는 오래전부터 실시되었고, 교육과 의료사업도 조선에서보다 중국이나

---

4 나의 시각을 더 상세하게 보기 위해서는 나의 영문 저서, *Protestantism and Politics in Korea*, 첫째 마당과 "Protestantism in Late Confucian Korea: Its Growth and Historical Meaning," *Journal of Korean Studies*, vol. 8 (1992), 139~64쪽을 읽을 것. 또한 이러한 주장을 한글로 편 『근대한국과 기독교』에 실린 마지막 논문을 읽을 것.

일본에서 더 먼저, 그리고 더 많은 인적, 물적 자원을 가지고 실시되었다. 그렇기 때문에 거의 모든 피선교지에서 채택되고 실시된 선교정책과 방법으로서, 조선에서만 '예외적으로' 나타난 기독교의 놀라운 성장을 설명하는 것은 논리적이지 않다. 이러한 설명 시도가 타당성을 가지려면 의료, 교육사업 등을 통한 간접선교가 일본이나 중국과 같은 다른 피선교지에서도 조선에서와 마찬가지로 기독교가 놀라운 성장을 했어야 한다. 그러나 우리는 중국이나 일본과 같은 피선교지에서는 기독교의 놀라운 성장의 역사를 읽을 수가 없다. 그렇다면 우리는 피선교지에서 보편적으로 적용된 네비우스 방법이나 간접선교전략이 왜 유독 조선에서만 '예외적으로' 효과를 거두었는지 묻는 것이 더 논리적이다.

그래서 나는 기독교와 조선(사람들)의 만남, 그 특수한 역사적 콘텍스트에 주목하자고 하였다. 1876년 나라의 문이 '서양화한' 이웃 일본에 의해 강제로 열리고, 1882년 조미수호조약을 비롯하여 서양 여러 나라와 조약을 맺게 되었다. 그렇다고 해서 조선의 전투적이고 문화주의적 반서양, 반기독교적 정서가 사라진 것은 아니었다. 1884년부터 서양 선교사들이 들어오기 시작하고, 이들이 병원을 세우고 학교 문을 열었지만, 조선 사람들이 떼를 지어 몰려오지도 않았다. 이 시기 중국과 일본에서의 기독교 성장과 비교해 볼 때 조선에서는 기독교가 그리 두드러지게 성장하지 않았다. 그러다가 1890년대 중반부터 급상승 곡선을 그리며 성장하였다. 바로 여기에 기독교의 놀라운 성장의 원인

이 있는 것이다.5

그렇다면 1890년대 중반에 무슨 일이 일어났는가? 우리가 익히 알고 있듯이, 1894년에는 바토 동학농민혁명운동이 일어났었고 청일전쟁이 일어났었다. 청일전쟁에서는 조선이 오랫동안 의지해온 중국이 무릎을 꿇고 오랫동안 멸시해 오던 일본이 승리하였다. 1876년 강화도조약 이래, 특히 청일전쟁의 승리 이후 일본이 조선 사람들의 '적'으로 등장하게 되었다. 기독교를 전해준 서양 나라들은 이때 그들의 적이나 경쟁대상이었던 중국이나 일본과는 너무나 다른 역사를 조선에서 전개한 것이다. 기독교를 전파하는 서양 선교사들의 나라가 아니라 비서양, 비기독교 국가인 이웃 일본이 적으로 등장하는, 중국이나 일본의 역사와는 '비길 데 없는 역사'가 전개되고 있었다. 피선교지에서 보편적으로 실시된 의료나 교육에 기댄 선교정책과 방법이 바로 1890년대 중반부터 '비길 데 없이' 효력을 내기 시작하였다면, 조선 기독교의 '비길 데 없는 성장'을 보편적으로 실시된 선교방법에 기대서 설명하기보다는 바로 이 '비길 데 없는 역사'에 기대어 설명하여야 한다는 것이 나의 오랜 주장이다.6

중국과 일본이 조선을 전쟁터로 삼아 싸움을 벌인 청일전쟁과 1904년 러일전쟁에서의 일본의 승리는 동아시아 질서를 재편하는 계기가 되었다. 오랫동안 동아시아를 뽐내며 지배해 온 중국 중심의 질서가

---

5 나의 영문 저서, *Protestantism and Politics in Korea*, 첫째 마당을 읽을 것.
6 나는 1980년대부터 이러한 주장을 펴 왔다. 위의 여러 글을 볼 것.

무너지고 멸시하고 천대하던 '서양화한 일본'이 동아시아의 새 강자로 세계 강국의 대열에 올라서게 되었다. 이 일본이 중국에 의존하며 안주해온 조선에 '적'으로 등장하였다. 조선 사람들에게는 큰 충격 그 자체였다.

바로 이러한 충격이 조선 사람들을 일깨우게 된다. 조선의 유교 지배계층에서는 수구적인 몸부림도 있었지만, 자각의 소리와 움직임이 이곳저곳에서 나타났다. 중국에 온순하게 기대어 온 것을 수치로 여기는 이들도 있었고, 옛 가치나 옛 체제로는 나라의 새로운 문제들을 해결할 수가 없다고 주장하는 이들도 생겨났다. 이러한 주장을 편 이들이 이제 '개혁세력'이 되어 '개혁운동'을 펼치게 되었다. '적'으로 등장한 일본에 맞서 '우월이 증명된' 서양문물을 재빨리 받아들여 나라를 개혁, 부강한 나라로 만드는 것이 조선 민족의 급선무라는 사람들이 늘어나게 되었다. 이전에 일본에 기대어 개혁하려던 이들도 이제는 서양문물을 직접 서양으로부터 받으려고 하였다. 이들이 손탁호텔(조선 최초의 호텔-글쓴이 달음)에 모이는 이른바 정동구락부라는 친서양, 친미 개혁무리로 재구성되었고, 고종을 비롯한 조선 정부 관리들과 지식인 사이에 친미적 발언과 움직임이 나타나게 되었다. 모두 청일전쟁 이후의 일이다. 이처럼 반일감정이 온 나라를 뒤덮을 때 미국과 미국에서 온 선교사들에게 호의적인 분위기가 서서히 나타나게 되었다.

유영익의 연구에 의하면, 호의적 대미인식은 '서서히'가 아니라 급격히 확산되고 있었다. 「한성순보」, 「독립신문」, 그리고 「대한매일신보」를 통해 '보편화'되고 있던 호의적인 미국관은 미국을 '인의(仁義)의 나라', '부유의 나라', '강병의 나라', '신의의 나라', '형제의 나라', '아시아에서 일본의 횡포를 억제해 줄 수 있는 나라', '기독교의 나라'라고 부르고 있었다. 미국이 러일전쟁 이후 친일 정책을 추구했을 때에도 조선 사람들은 순진하게 미일충돌설 등의 희망적 관찰을 하면서 미국을 '짝사랑'하고 있었다.7

미국에 대한 이 짝사랑의 역사적 상황 전개와 1890년대 중반에 급상승 곡선을 그리며 나타난 기독교의 갑작스런 성장 현상을 나는 주목하자는 것이다. 이때 처음으로 선교학교의 수, 그리고 선교학교에 다니는 학생 수도 증가하고, 교회당과 신자 수도 거의 해마다 배로 증가하였던 것이다. 이때의 기독교의 갑작스런 성장은 몇 되지 않는 선교사들의 노력이나 몇 푼 되지 않는 선교자금 때문이 아니다. 물론 보편적으로 실시된 선교방법 때문도 아니다. 다시 말하지만, 비서양, 비기독교 국가인 일본이 식민지 야욕을 드러내며 조선에 접근해 오는 역사가 전개되고 친미적 분위기가 확산되어 갈 때, 기독교가 급상승 곡선을 그리며 성장하고 있었던 것이다.8

이렇게 보아야 구한말에 잉태된 이 새로운 종교공동체의 역동적 성격을 담아낼 수가 있다. 이 시기 전후에 기독교공동체에 들어온 이들

---

7 유영익, 「개화기의 대미인식」, 유영익 (들), 『한국의 대미인식 - 역사적으로 본 형성과정』(서울: 민음사, 1994), 55~141쪽, 특히 57~81쪽을 볼 것.
8 자세한 것은 나의 영문 저서, *Protestantism and Politics in Korea*, 첫째 마당과 넷째 마당을 읽을 것.

은 다 개혁적인 사람들이다. 유교적 체제와 이념적으로, 심리적으로 강하게 이어지지 않아 쉬이 이 새 종교에 들어온 평민들과 천민들도 변화를 바라는 이들이었고, 유교적 조선을 개혁하여 부강한 나라로 만들어 보겠다고 이 종교공동체에 들어온 양반들도 다 개혁적이었다. 짧게 말해서, 이 새 종교공동체 구성원들은 적극적이든 소극적이든 다 개혁적이고 이 종교공동체는 당시 개혁세력의 조직적 토대였다. 그래서 크고 작은 당시의 개혁운동은 모두 이 종교공동체 안팎에서 이 종교공동체에 기대어 일어났던 것이다. 변화를 바라는 이들과 개혁을 적극적으로 추진하던 개혁세력이 주체적으로 이 종교공동체에 들어왔다는 말이다.

셋. 조선 사람에 의해, 조선을 위해, 조선의 기독교로 시작

우리가 한국기독교사를 주체적 수용사의 시각으로 읽어야 한다고 주장하는 것은 실제 한국기독교의 역사가 그렇게 시작했기 때문이다. 한국기독교사를 개척한 역사학자 김양선은 일찍이 다음과 같이 말한 적이 있다.

宣敎師(선교사)들이 들어오기 전에 우리나라 사람들이 國外(국외)로 나아가 基督敎(기독교)를 받아들인 일은 世界宣敎史上(세계선교사상) 類例(유례)가

없는 일로서 韓國改新敎(한국개신교)의 特徵(특징)이기도 하며 자랑이기도 하다.9

그렇다. 김양선의 말대로 한국기독교의 역사는 서양 선교사들이 이 땅에 들어오기 전 조선 사람들이 기독교를 수용함으로 시작되었다. 이 주체적 수용사 인식에는 바로 '서북 청년들'과 '이수정' 이야기를 빼어 놓을 수가 없다.

1872년 만주 우장 牛莊에서 선교활동을 하던 스코틀랜드 출신 로스 John Ross와 맥킨타이어 John MacIntyre와 그곳으로 생업을 위해 갔던 '서북청년들'과의 만남이다. 조선 선교에 관심을 가지고 있던 이 선교사들과 옛 유교질서의 붕괴를 내다보고 세상이 변하기를 갈망하는 상업에 종사하는 서북청년들과의 만남은 절대 우연이 아니다. 이에 대한 김양선의 글귀를 따와 보자.

> 로쓰 목사는 고려문에서 많은 한국 사람들을 만나 보았다. 그들은 떼를 지어 로쓰 목사의 여관을 찾아가서 서양에 관한 새 지식을 얻으려고 하루 종일 필담을 나누었다. 대원군의 가혹한 쇄국정책에도 불구하고 지식을 세계에 구하려는 강렬한 욕망은 시민들의 가슴에 불타고 있었다. 로쓰 목사가 한국인의 '가난과 무지'에 크게 실망하면서도 그 이듬해 봄에 다시 고려문을 찾아간 것은

---

9 金良善,「韓國基督敎史 (下): 改新敎史」,『韓國文化史大系』 XI (宗敎.哲學史) (서울: 고려대학교 민족문화연구소, 1965), 569~701쪽, 574쪽에서 따옴.

그들의 신지식에 대한 강렬한 욕망과 행동에 깊은 인상을 받은 때문이다.[10]

이응찬, 백홍준, 이성하, 김진기, 서상륜과 같은 서북청년들은 이 서양 선교사들의 선교자금이 탐나서 접근한 이들이 아니다. 선교사들의 의료나 교육 사업에 매료되어 찾아간 것이 아니다. 암울하고 가혹한 유교질서와 쇄국의 벽과 맞서 상인으로 삶을 꾸리던 이 조선 젊은이들이 열성적으로 새 문명과 새 지식에 대한 '강렬한 욕망과 대담한 행동'을 했기 때문에 이루어진 만남이었고, '하루 종일 필담'을 나눌 정도로 그들의 적극성과 진지함이 잉태한 만남이었다. 이러한 만남과 대화는 이 서북청년들의 개종으로 이어져 그들은 세례를 받게 되었다. 조선 선교를 위해 준비하던 서양 선교사들과 함께 성서를 우리말로 번역하기 시작하여 1882년에는 누가복음과 마가복음이 간행되었다.[11]

바로 이 서북청년들이 그들의 고향인 소래, 의주, 선천 또는 서울로 돌아가 이른바 '쪽복음'을 들고 전도하기 시작한 것이다. 다 서양 선교사들이 오기 전의 일이다. 사실 1885년 언더우드가 조선에 왔을 때 이미 수백 명에 이르는 조선 사람들이 세례를 받으려고 선교사를 기다리고 있었다. 이들은 로쓰 목사와 서북청년들의 쪽복음을 읽은 이들이었고, 서북청년들에게 전도를 받고 개종한 이들이었다. 서양 선교사들이 조선에 오기 전에 이미 교회가 생겨났다는 말이다.[12]

---

10 김양선, 『韓國基督敎史硏究』(서울: 기독교문사, 1971), 49쪽에서 따옴.
11 윗글과 함께 같은 저자의 『韓國基督敎史』, 첫 부분도 읽을 것.

이수정의 이야기도 우리의 주체적 수용사 시각을 강화시켜 준다.13 이수정은 상인 출신이다. 그러나 그는 1882년 임오군란 이후 수신사 박영효와 함께 일본으로 갔다. 그는 정식수행원이 아니고 사절과 동행한 민영익의 서생으로서, 민영익의 개인 수행원으로 갔다. 그는 일본에 남아 동경외국어학교 한국어 교사로 일하면서 일본 기독교 지식인들과 그곳에 와 있던 미국 선교사들과 교류하면서 기독교로 개종하고 세례를 받은 인물이었다. 이광린에 의하면, 이수정은 미국 청교도사상이 "자기 개인뿐만 아니라 향방을 알지 못하여 갈팡질팡하고 있던 당시의 한국 국민을 구원할 수 있는 종교라고 하며 기독교를 받아들였다.14

이수정은 일본에서 성서번역 사업에 참가하였다. 마가복음을 1885년 초에 간행하였고 그 후 계속 성서번역을 하면서 조선에도 선교사업을 펼치려고 일본에 와 있던 미국 선교사 낙스 George W. Knox, 맥클레이 Robert S. Maclay, 그리고 루미스 Henry Roomis를 설득하여 세계선교잡지 등에 글을 싣게 하는 한편, 스스로 직접 세계선교잡지「Missionary Review of the World」에 글을 써 조선 선교를 역설하기도 하였다. 이수정의 조선 선교 설득과 호소가 있어 감리교는 1884년 맥클레이

---

12 윗글, 581~583쪽을 볼 것.
13 이수정에 관해서는 고전적 연구인 이광린,「李樹廷의 人物과 그 活動」,『韓國開化史硏究』(서울: 일조각, 1969), 234~251쪽에 기대었다.
14 윗글, 241쪽.

목사를 조선에 파견하여 선교 사전답사를 하였으며, 장로교는 1884년 중국에 있던 의사 앨런을 조선 선교사로 파송하였다고 한다.15

조선에 오기 위해 1884년 12월에 일본에 온 언더우드 선교사는 바로 이 이수정에게 조선말을 두 달 정도 배웠다. 그러나 무엇보다도 언더우드가 1885년 조선에 올 때 바로 이수정이 번역한 마가복음을 가지고 왔다는 사실을 눈여겨보아야 할 것이다.16 서양 선교사의 조선 선교 전에 기독교인이 되어 성서도 우리말로 옮기고, 조선에 가는 선교사에게 우리말을 가르치고 또 그가 번역한 성경을 가지고 가게 한 이수정의 활약 또한 주목해야 한다. 서북청년들과 함께 이수정도 조선 선교의 길을 서양선교사에 앞서 길을 닦았다고나 할까. 이 또한 주체적 수용사관의 보기이다.

서북청년들의 이야기나 이수정의 이야기는 한국기독교의 역사가 조선 사람들에 의해서, 조선을 위해서, 조선의 기독교로 시작되었다는 것을 말해주고 있다. 최초의 교회 소래교회나 의주교회 등이 선교사들이 이 땅에 들어오기 전에 세워졌고, 성서가 부분적이지만 서양 선교사들이 이 땅을 밟기 전에 우리말로 번역, 출간되었으며, 무엇보다도 수백 명의 조선 사람들이 세례를 받겠다고 선교사들을 기다리고 있었다는 사실이 강조되어야 한다.

이에 더하여 언더우드 선교사나 부산으로 들어온 베어드 William

---

15 윗글, 245~246쪽.
16 윗글, 246쪽.

Baird를 비롯한 서양 선교사들의 조사助事들도 서상륜을 비롯하여 모두 이미 스스로 기독교인이 되어서 조선 기독교인들의 지도자로 활동하던 사람들이었다는 점도 주목하여야 한다. 서양선교사들의 조사라는 이름을 가졌지만, 그 이름을 넘어 선교사들이 필요로 하는 피선교지의 언어, 문화, 풍습, 제도 따위를 그들에게 '가르친 그 역사'를 상상해 보자는 말이다. 요즈음 절실히 요구되는 인문학의 상상력을 가지고 말이다. 바로 이 조선인 조사들이 실제에 있어서는 서양선교사들을 데리고 이 땅에서 기독교 역사를 만들어 간 것이다.17

넷. 사회개혁을 바라는 하층민에게 적합한 종교

오래전 역사학자 이광린은 이렇게 말한 적이 있다.

> 李樹廷(이수정)의 身分(신분)을 商人(상인)이라고 하였는데, 1970년대 後半期(후반기) 滿洲 牛莊(만주 우장)과 奉天(봉천)에서 西洋宣敎師(서양선교사) …… 밑에서 洗禮(세례)를 받은 鴨綠江邊(압록강변) 義州地方(의주지방)의 靑年(청년) …… 등도 商人(상인)이었음은 興味(흥미)있는 사실이라 하지 않을 수 없다. 그들이 兩班階級出身(양반계급출신)이었다면 그렇게 간단히 基督敎信者(기

---

17 이것은 나의 주장이다.

독교신자)가 되지 못하였을 것이다. 양반이 權威意識(권위의식)에 사로잡혀 낡은 傳統(전통)에 얽매여 있는 데 반하여, 商人(상인)은 당시 韓國社會(한국사회)의 新興中産階級(신흥중산계급)이었던 만큼, 대담하게 外來宗敎(외래종교)를 받아들이게 되었을 것이다. 또한 하느님 밑에는 萬民(만민)이 平等(평등)하다는 主張(주장)을 내세우는 基督敎(기독교)는 오랫동안 不遇(불우)한 立場(입장)에 놓여 있던 자기들 社會階層(사회계층)에게는 적합한 宗敎(종교)였을 것이다.18

그렇다. 평민과 상인들이 멸시당하고 천대받던 유교사회에서 이들은 불만이 많았지만 새로운 길을 찾아 나설 수가 없었다. 유교라는 정통 이념이 기세등등하고 유교에 기댄 지배세력의 통제력이 강했던 때에 말이다. 그러나 옛 정통 이념도 지배세력도 안팎의 도전 앞에서 무기력하게 대응하기 시작하고 옛 질서가 붕괴되는 것이 여실히 드러나게 된 19세기 후반, 이광린의 말대로 상인이나 평민들, 그리고 천민들이 새로운 이념이나 새로운 종교를 찾게 되었고 새로운 사회를 고대하는 행동을 할 수가 있었다. 동학농민운동은 그래서 나왔고 기독교를 평민이나 상인들, 그리고 천민들이 받아들일 수가 있었다.

우리가 주체적 수용의 시각으로 한국기독교사를 읽어야 한다는 주장을 펴는 것은 바로 이 때문이다. 기독교로 개종한 이들은 선교사들

---

18 이광린, 윗글, 243쪽에서 따옴.

의 헌신에 감명 받아, 선교사들이 베푸는 교육과 의료봉사 때문에, 선교사들이 가지고 있는 몇 푼 되지 않는 선교비가 탐나서, 아니면 그들의 선교방책에 현혹되어 개종한 것이 아니다. 한국기독교 역사는 그렇게 피동적이거나 수동적 모습으로 시작하지 않았다. 이들은 서양에서 온 종교를 자기들 개인과 자기가 속한 계층, 나아가서 나라의 앞길에 필요하다고 스스로 판단하고 스스로 개종하였다. 이러한 주체적 결단은 그들의 적극적인 전도활동으로 이어진다. 그들의 전도활동은 바로 개인과 그들이 속한 계층이 옛 가치와 질서로부터 해방되는 것이기도 하고, 그리고 나라를 고쳐 잘아 올제를 위한 개혁운동이기도 한 것이다. 기독교가 구한말 개혁운동의 한가운데 서 있던 종교공동체의 모습을 이러한 주체적 수용사의 시각으로 읽을 때 더욱 또렷해지고 그 역사의 역동성도 담아낼 수가 있다.19 그리고 그렇게 해야만 그 이후 전개되는 일제강점기 '민족교회'로서의 기독교의 모습도 그려낼 수가 있다.

✽ 여기에 특별히 기록해 두고자 한다. 2015년 광복 70년을 맞아 경기도가 후원하고 경기일보가 주관한 정기 학술대회가 열렸다. 영광스럽게도 내가 매회 좌장을 하며 사회를 보았다. 나에게 좋은 추억으로 기억될 것이다. 이 과정에 중국 만주, 더 구체적으로 말하면 연변, 간도, 백두산 등지를 답사하였다. 익히 알고

---

19 구한말 기독교와 개혁운동과의 이음새는 나의 영문 저서, *Protestantism and Politics in Korea*, 넷째 마당 첫 부분에서 상세하게 볼 수 있다.

있었지만, 김약연, 문재린 등이 이룬 공동체, 그 공동체에서 태어나고 자란 윤동주, 문익환, 문동환을 '역사 속에서' 만나 대화할 수 있었다. 역사 공부하는 사람만이 가질 수 있는 즐거움이었다.

이 만주 지역의 역사와 서북청년들의 개종 및 전도활동을 읽으며, 특히 간도지방 기독교공동체의 역사를 읽으며, 일본 사람들이나 중국 사람들이 하는 것처럼 우리 역사를 반도에 묶어두지 말고 대륙을 누비던 역사로 읽어야 한다고 느끼게 되었다. 잘못된 역사인식을 가진 이들이 주장하는 것처럼 이것은 단지 '원대한 고대사에 대한 향수'가 아니다.

미국을 비롯한 서양 선교사들 중심으로 이 땅의 기독교역사를 읽으면 아펜젤러와 언더우드가 서울에서 시작한 반도의 역사가 된다. 서북 청년들의 개종과 선교, 간도 기독교공동체 등을 중요하게 보면 '대륙사관'이 된다. 이를 언젠가는 한 번 정리하고자 한다.

제3강

구한말 기독교공동체:
오늘의 기독교 개혁 본보기로

제3강. 구한말 기독교공동체:
오늘의 기독교 개혁 본보기로

하나. 교회와 세상 사이의 유착과 융합

요즈음 우리 사회에서는 찬송가와 성경을 들고 교회에 가는 것이 창피할 정도다. 기독교와 기독교 지도자들에 대한 우리 사회의 시각이 부정적이고 비판적이기 때문이다. 우리가 익히 아는 바와 같이 KBS의 인기 프로그램인 '한국사회를 말한다'에 교회, 특히 이른바 대형교회의 재정 불투명, 세습, 목사들의 부도덕, 비윤리적 언행이 비판적으로 다루어졌고, 『시사저널』에서는 대표적 대형교회가 부정적으로 파헤쳐졌으며, 『한겨레21』에서는 수구적 교회 모습이 심층적으로 논의되었다.[1]

---

* 이 강좌 후 같은 내용으로 2008년 2월 25~26일 숭실대학교 기독교학대학원이 주최한 제16회 전국 목회자 세미나에서도 강연하였다.
1 2005년이 특히 그랬지만 신문과 방송, 그리고 시사 잡지는 빈번히 한국교회를 진단하고 해부하는 프로그램이나 글을 실어왔다. 이럴 때마다 교회 안팎에서 논란이 되었다. 우리 사회에서 기독교가 그만큼 중요하기 때문이다. 긍정적이든 부정

사실 지각 있는 이들이 어떤 자리에서 어떤 시각을 가지고 보든지 오늘 이 땅의 기독교를 긍정적으로 또는 호의적으로 평가할 수가 없다. 대표적인 교회에서 분쟁이 일어나 시장 바닥에서도 보기 드문 몸싸움도 빈번히 보고 있다.2 이처럼 오늘의 우리 사회에 각인된 교회와 기독교인들, 특히 기독교 지도자들에 대한 이미지는 부정적이며 비판적이다.

사실 이러한 기독교와 기독교 지도자들에 대한 부정적이고 비판적인 시각은 이 종교공동체 밖에만 있는 것이 아니다. 기독교 안에서도 자성, 갱신, 그리고 개혁의 목소리가 오래전부터 있어 왔다. 세습에 대한 비판도 교회 안에서 먼저 있었고, 대형교회 목사들의 윤리문제도 교회 안에서 먼저 제기되었다. 그렇다. 이 종교공동체 안에서 자성, 갱신, 그리고 개혁을 말하여 왔으나 자성하지도 갱신하지도, 그리고 개혁하지도 않았다. 스스로 성찰할, 스스로 갱신할, 그리고 스스로 개혁할 능력을 상실한 기독교가 되었고 교회 지도자들이 되었기 때문이다. 그래서 이 종교공동체 밖에서 이 땅의 기독교를 부정적으로 바라다보고 기독교 지도자들을 비판하고 있는 것이다. 그래서 '개독교'니 '먹사'

적이든 말이다. 하여튼 이럴 때마다 교회 안팎에서는 교회갱신과 개혁의 소리가 나온다. 그러나 이를 계기로 일어난 자성과 갱신의 소리가 얼마나 이 땅의 교회를 갱신하고 개혁했는지, 그 결과에 대해 나는 회의적이다. 그 이유를 이 강의와 이를 잇는 여러 강의에서 논의할 것이다.
2 2005년도에는 영락교회와 광성교회의 분쟁사태가 기독교계 언론에서만 다루어진 것이 아니라 교회 밖 일반 언론에서도 빈번히 보도되었다.

라는 말이 나왔다. 오죽하면 기독교 젊은이들이 '개독교'를 변명하고 나섰겠는가.3 그 결과 기독교 성장도 정체되지 않았는가?4

우리의 관심은 언제부터, 왜 이 땅의 기독교와 기독교 지도자들이 비판의 표적이 되었는가 하는 문제다. 기독교가 구한말 유교적 조선사회에 들어와 어렵게 뿌리를 내리고 가지를 쳐 뻗어 나가기 시작할 때, 기독교와 기독교 지도자들이 어떠한 자리에서 어떠한 모습을 가지고 있었는지 우리는 살펴보아야 한다. 그 시대에는 기독교와 기독교 지도자들이 기대와 존경을 받았는데 해방 후, 특히 1960, 70, 80, 90년대 이른바 군사독재와 경제개발 시대를 거치면서 비판의 표적이 되었다는 사실을 염두에 두면서 말이다. 다시 말하면, 구한말에는 왜 기독교와 기독교 지도자들이 당시 사회에서 존경을 받고 경외의 대상이 되었는지, 그리고 해방 후, 특히 경제개발과 군사독재 시대를 거치면서 왜 기독교와 기독교 지도자들이 비판과 비난의 표적이 되었는지 질문해 보자는 말이다. 이러한 역사 현상에 터하여 오늘의 한국기독교의 문제를 다루자는 말이다. 이에 대한 나의 논의는 교회가 교회답고 교회 지도자들이 교회 지도자다울 때 존경을 받았고, 교회가 교회답지 않고 교회 지도자들이 교회 지도자답지 않을 때 비판과 비난의 표적

---

3 숭실대학교 기독교학과 졸업생들이 함께 쓴 『개開독교를 위한 변명』(서울: 꿈꾸는 터, 2007)을 볼 것. 그들은 스스로 '변방의 청년들'이라고 한다.
4 최근 '한국교회 미래를 준비하는 모임'에서 발표한 「한국교회 미래 리포트」는 기독교 성장이 하락 추세라고 보고하면서 "한국교회 위기"라고 진단하고 있다. 「基督敎新聞」, 2005년 2월 6일자 기사에 기댐.

이 되었다는 역사학적 상식, 상식의 역사학에 기댄다.

'교회가 교회답다'라든가 '교회 지도자들이 교회 지도자답다'라는 것은 교회가 이 세상 어떤 기관이나 조직과 다르고, 교회 지도자들은 이 세상의 어떤 분야의 지도자들과 다를 때 나오는 말이다. 교회가 추구하는 것이 이 세상의 어떤 기관이나 조직이 추구하는 것과 다르고, 교회 지도자들의 삶이 이 세상 어떤 분야 지도자들의 삶과 다르고 달라야 한다. '예수 믿는 사람들'은 이 세상에 살고 있으나 '하나님 나라'의 시민임을 고백하는 이들이고, 그래서 그들은 이 세상에 살고 있으나 하나님의 나라를 기다리면서 하나님 나라의 법도대로, 하나님 나라의 기준으로 삶을 꾸리고자 하는 이들이다. 교회는 바로 이러한 '예수 믿는 사람들'의 공동체요 교회 지도자들은 이들의 지도자들인 것이다.[5]

그렇기 때문에 교회와 세상(세속사회) 사이에, 교회 지도자들과 세상 사이에는 항상 '긴장'이 있게 된다. 교회의 가르침과 세상의 가르침이 다르고, 교회의 운영방식이 세상의 것과 다르며, 기독교인들(특히 지도자들)의 삶과 세상 사람들의 삶이 다르기 때문에 둘 사이에는 항상 '다름'이 있고 그래서 '긴장'이 있게 된다는 말이다. 교회와 세상, 이 둘 사이에 유착 association이나 융합 fusion 현상이 있을 수 있는데 교회와 교회 지도자들은 이러한 유착이나 융합을 경계하면서 '교회다움'을 지켜야 하는 것이다. 이러한 경우에 교회와 교회 지도자들은 존경을 받

---

[5] 이러한 시각과 생각을 나는 기독교 인터넷 신문인 「뉴스앤조이」에 칼럼을 쓴 적이 있다. 2005년이다.

았고 그렇지 않은 경우에는 비판과 비난을 받았다는 사실이 역사를 읽을 때, 특히 기독교 역사를 읽을 때 더욱 분명해 지는 '역사 진리'이다. 사회학자들이나 역사학자들이 말하는 '창조적 긴장 a creative tension'이나 '비판적 거리두기 a critical distance'가 바로 이를 두고 하는 말이다. 교회와 세상 사이에 긴장이 있을 때, 교회나 교회 지도자들이 세상과 비판적으로 거리를 둘 때, 교회도 교회답게 자리를 하고 사회도 더욱 건강해 진다는 말이다.6

이러한 인식의 틀을 가지고 구한말 교회 모습과 지도자들의 삶, 그리고 오늘의 교회 모습과 지도자들의 삶을 비교하여 보면, 이 땅의 기독교와 기독교 지도자들이 해방 전까지는 적어도 존경을 받았는데 왜 해방 이후, 특히 군사독재와 경제개발 시대를 지나면서 비판과 비난의 표적이 되었는가 하는 우리의 궁금증을 풀어주게 된다. 적어도 해방 전에는 교회와 세상 사이에 긴장이 있었는데 해방 이후에는 교회와 세상 사이에 긴장이나 거리두기가 사라지고 오히려 둘 사이가 '유착'이나 '융합'되는 현상이 나타나고 있다. 기독교와 기독교인들(특히 지도자들)에 대한 비판과 비난이 바로 이 현상과 이어져 있다는 것을 나는 역사학에 기대어 주장하고 싶은 것이다. 오늘의 한국기독교의 갱신을 위하여 말이다.

---

6 사회학자 벨라(Robert N. Bellah)와 박영신의 주장이다. 박영신이 「한국사회연구」에 원용한 글을 보려면 그의 『역사와 사회변동』(서울: 민영사/한국사회연구소, 1987)에 실린 여러 글을 볼 것.

둘. 유교사회에 맞서는 초월의 공동체 지향

우리가 익히 알고 있듯이 기독교는 구한말, 그러니까 19세기 말 서양 제국주의의 물결을 타고 조선에 들어왔다. 조선왕조가 안팎의 도전으로 휘청거리던 때였다. 짧게 말하면, 불교와 유착된 고려왕조를 군대의 힘으로 무너뜨린 이성계와 그의 부하들이 1392년 조선왕조를 창건하면서 '억불숭유抑佛崇儒'의 깃발을 세웠다. 새 왕조를 창건한 이들은 권력과 유착하여 타락한 불교를 배척하고 유교를 새 통치 이념으로 채택하고 유교의 가르침에 터하여 정치, 사회, 경제, 문화 등 모든 분야를 재구성(개혁)하고자 하였다. 이른바 '유교화'가 당시 개혁의 꼴과 결이었다. 그래서 역사학자들은 조선시대 5백 년을 유교시대라 부르기도 하고 조선왕조를 유교왕조라 일컫기도 한다.7 바로 이 유교왕조가 안팎의 도전으로 몰락의 징후를 드러낸 구한말에 기독교가 들어왔다. 다시 말하면, 19세기 말 이 견고한 유교적 질서에 틈이 생기기 시작하였고, 이 틈새를 비집고 기독교가 들어온 것이다.

기독교와 유교사회와의 만남은 바로 위에서 말한 그 긴장의 만남을

---

7 조선시대 '유교화'와 유교질서에 대한 체계적인 논의를 다음 글에서 볼 수 있다. Martina Deuchler, *The Confucian Transformation of Korea: A Study of Society and Ideology* (Cambridge, Mass.: Council of East Asian Studies, Harvard University Press, 1992)와 James B. Palais, *Cofucian Statecraft and Korean Institution: Yu Hyongwon and the late Choson Dynasty* (Seattle and London: University of Washington Press, 1996).

말한다.8 기독교가 유교적 조선사회에 뿌리를 내리고 가지를 쳐 뻗어 나간 역사, 다시 말하면, 이 땅에서 벌어진 초기 기독교사는 바로 기독교와 유교질서와의 긴장, 갈등, 그리고 충돌의 역사였다. '삼강오륜 三綱五倫', 다시 말해서 사람 사이의 문제에 관심을 가지는 '인학人學'인 유교가 그리는 '세상'과 하나님과 사람 사이의 문제에 관심을 가지는 '신학神學'인 기독교가 추구하는 '세상'이 다르고, 이 다른 '세상'에 다가가는 여정에서의 삶의 내용과 형식이 다를 수밖에 없는 것이다. 이를테면, '하나님 앞에서 모두가 평등하다'는 기독교와 '사농공상'이라는 신분 차별에 터 한 조선 유교사회와의 만남을 뜻했다. 수직적 유교사회와 수평적 기독교 가치가 만났다는 것은 둘 사이에 필연적인 갈등과 긴장의 역사가 시작되었음을 의미한다.9 수직적 유교질서와 수평적 기독교의 가르침 사이에는 적어도 이론적으로는 '유착'이나 '융합'이 있을 수 없는 것이다.10

수직적 조선사회에서는 남자와 여자가 구분되고 차별되었으며, 나이 많은 사람과 나이 적은 사람이 구분되고 차별되었다. 하는 일에 따라

---

8 앞에 열거된 나의 글들과 박영신의 여러 글들을 볼 것. 특히 쉽게 대중적으로 쓴 나의 『한국기독교 읽기』 여러 곳을 볼 것.
9 기독교 전래에 대한 상세한 논의는 나의 영문 저서, *Protestantism and Politics in Korea*, 첫째 마당과 넷째 마당 그리고, 나의 논문집 『근대한국과 기독교』 1장을 볼 것.
10 양반이나 상놈, 그리고 천민이 모두 영혼을 하나씩 가지고 있다. 나이 많은 이나 나이 어린이나, 남자나 여자나 모두 영혼을 하나 가진 인간이라고 기독교는 본다. 그리고/그렇기에 이들은 모두다 똑같이 하나님의 구원의 대상이다. 그래서 이들은 평등하다는 것이다.

신분의 높낮이가 구분되고 차별이 있었다. 농업에 종사하는 이들을 평민 또는 상민이라 하는데 이들을 '상놈'으로 불러댔다. 그 밑에 공업이나 상업에 종사하는 이들을 천대하여 '쟁이'니 '장사치'니 하고 불렀다. 신분에 따라서 말하는 법이 달랐고 신분이 다르면 결혼을 금지하였다. 차별과 억압의 사회였던 것이다. 이러한 사회에서는 '군림'이 삶의 목표가 된다. 모두가 과거시험을 보아 부, 권력, 그리고 명예를 누릴 수 있는 그래서 다른 사람 위에 군림하고 뻐길 수 있는 양반이 되고자 한다. 그러나 이 과거에 합격하고 관직에 올라 본인은 물론 온 집안이 떵떵거리며 살 수 있는 사람은 가난한 하층 신분의 사람들이 아니다. 가난한 이들은 공부할 틈이 없다. 본인과 가족의 생계를 위해 논밭으로 일을 나가야 하기 때문이다. 오직 부유한 양반 아들만이 일하지 않고 좋은 선생 밑에서 좋은 교육을 받게됨으로써 과거에 합격하고 양반이 되었던 것이다. 양반은 자자손손 세대를 이어 군림하는 양반자리를 계속 누리게 된다. 위에 있는 자들은 항상 위에, 아래에 있는 자들은 항상 아래에 있게 된다는 말이다. 유교적 조선사회가 그랬다.

이러한 사회에 들어온 기독교는 신분의 구분과 차별, 성의 구분과 차별, 그리고 나이의 구분과 차별을 하는 조선 유교의 가르침, 관습, 그리고 제도를 '인간이 만든 것들'이라고 규정하고 이러한 수직적 사회구조를 혁파해 나가는 공동체로 뿌리내리게 되었다. 유교적 신분사회에 대한 기독교의 비판과 가르침은 자못 전투적이었다. 당시의 선교보고서 한 구절을 따와 보자.

조선의 (유교적) 스승들은 여자는 남자보다 못하다고 가르쳤다. 기독교는 이를 정면으로 부인함으로써 충돌이 있게 된다. 이들은 어떤 사람들은 다른 이들보다 더 우월하다고 가르치는데 우리는 역시 이에 동의하지 못 한다.11

당시 기독교는 이러한 불평등과 차별의 제도, 습속을 소극적으로 피한 것이 아니다. 심지어 당시 교회는 사람을 구분하여 차별하는 유교 질서를 '사악한 것 the evil' 또는 '이방의 가르침 heathenism'으로 간주하며 적극적으로 부딪혀 바꾸기를 선포한 종교공동체였다.12 유교적 사회 질서와 타협하고 유착하여 안주하고자 한 종교공동체가 아니었다. 유교질서의 근간이었던 '제사 문제'에 대한 당시 기독교공동체의 가르침을 보기로 따와 보자.

문: 제사 드리는 것이 마땅하뇨, 아니 마땅하뇨.
답: 마땅치 아니하다.
문: 예수교 하는 사람이 조상에 제사하는 것이 옳으뇨, 옳지 아니하뇨.
답: 옳지 아니하니, 일체 못하느니라.
문: 어찌하여 옳지 아니하뇨.
답: 조상이 이미 세상을 버리고 갔으니 능히 먹지 못할 것이매 제사는 헛된

---

11 George H. Jones, "Open Korea and Its Methodist Mission", *The Gospel in All Lands* (1898년 9월), 391~396쪽, 특히 391쪽을 볼 것.
12 윗글, 392쪽을 볼 것.

일이 되고 또 정영히 여호와 계명을 범하는 것이니 외양으로 지내는 체도 못하느니라.
문: 제사를 아니 하면 어찌 조상 공경하는 마음을 표하리오.
답: 조상을 사모하며 그 분부한 것을 쫓아 행하며 평생 잊지 아니하는 것이 조상 공경하는 마음을 표하느니라.13

이처럼 구한말 이 땅에 뿌리를 내리기 시작한 '적은 무리의 작은 기독교공동체'는 유교질서라는 세상과 충돌하고 긴장하는 것을 피하거나 두려워한 공동체가 아니었다. 오히려 유교질서와 긴장하고 충돌하는 것이 교회의 사명이고, 이 질서를 혁파하고 '하나님 나라'의 법도와 기준에 터한 새로운 사회질서를 건설하는 것이 그리스도인들과 교회의 사명이라고 굳게 믿고 있었다. 그래서 구한말에는 교회 안팎에서 유교적 조선 사회질서가 부정되고 혁파되는 소리와 움직임이 일어나게 되었다. 당시 기독교로 개종한 한 양반의 고백을 따와 보자.

넉 달 전 나는 이 사랑방(예배처소-글쓴이 달음)에 있는 것이 부끄러웠다. 교인들이 모여 무릎 꿇고 기도할 때 나는 기분이 매우 언짢아 똑바로 편히 앉았었지만, 얼마 후 나도 무릎 꿇기 시작했는데, 부끄러운 마음이 모두 사라져버

---

13 당시 전도 책자 『구세론』, 15~17쪽. 이만열, 「한말 기독교 思潮의 兩面性 考 — 한국 기독교의 진보 보수의 역사성 탐구와 관련하여」, 『한국 기독교와 민족의식』(서울: 지식산업사, 1991), 204~256쪽 따옴에서 다시 따옴.

렸다. 하나님은 나에게 믿는 마음을 주신 것이다. 내 친구들은 내가 미쳐 버렸다고 말하면서 찾아오지도 않는다. 그러나 참 하나님을 경배한다는 것은 미쳐 버린 징조가 아니다. 사실 나는 양반이지만 하나님께서는 어떤 이는 양반으로, 또한 어떤 이는 상놈으로 만드시지 않았다. 인간들이 그러한 구분을 지은 것이다. 하나님께서는 모든 사람들을 평등하게 만드시었다.14

유교적 조선사회에서 여러 특권을 누리던 양반이 기독교로 개종하여 '사랑방'이라는 비좁은 예배처소에서 이미 개종한 상놈들, 여자들, 그리고 어린아이들과 함께 자리한 것, 바로 그 자체가 유교질서에 대한 도전이고 그래서 개혁적이고 혁명적인 모습이다. 요즈음 '인문학 위기'의 논의에서 나는 인문학자들이 '인문학적 상상력'을 상실하여 인문학 위기를 자초했다고 비판한 적이 있다.15 그래 여기서 '역사학적 상상력'을 한번 발휘해 보자. '사랑방'이라는 예배처소(구한말 기독교공동체)에 개종한 양반 부부와 자녀들, 개종한 상놈 부부와 자녀들, 그리고 개종한 백정과 같은 천민 부부와 자녀들이 함께하고 있는 모습을 상상하여 역사 그림을 그려보자는 말이다. 이 모습은 신분 구분을, 성의

---

14 S. F. Moore, "An Incident in the Streets of Seoul," *The Church at Home and Abroad* (1894년 8월), 120쪽에서 따와 옮김. 이 글은 양반의 고백을 선교사 무어가 영어로 옮긴 것이다.
15 방송 인터뷰 등이 있으나 구할 수 있는 두 글, 「非인문학적 '인문학 선언'」(시론) 「경향신문」, 2006년 9월 30일자와 「인문학 위기 인문학 교수들의 '밥법이 위기'일 뿐」, 『新東亞』(2006년 11월호), 442~445쪽을 볼 것.

구분을, 나이 구분을 넘어서 초월적인 하나님께 예배드리고 기도하며 함께 성경을 읽고 찬송을 부르는 모습이다. 초월에 기대어 세상의 것들을 넘어선 '초월의 공동체' 모습이다.

양반이 친구들의 조롱과 멸시를 개의치 않고 새로운 종교공동체로 들어선 것도 눈여겨 볼 대목이다. 하나님은 모든 사람들을 평등하게 지으셨다는 양반의 고백도 그러하거니와, 무엇보다도 크게 위세를 부리던 양반이 천대받던 상놈과 부녀자들과 함께 자리하여 함께 무릎 꿇고 한 하나님을 향해 기도하고 찬송을 불렀다는 행위도 혁명적이었고 신분을 초월한 그 모임 자체도 당시로서는 혁명적이었다. 세상 친구들의 조롱을 우습게 여기고 세상 것을 초월하여 더 높은 수준의 삶을 추구하겠다는 당시 기독교 신자들의 깊은 신앙심과 자부심이 위의 따온 글 뒤에 깔려 있음도 느낄 수 있다. 특히 이글에서 우리는 양반과 상놈을 구분하고 차별하는 제도를 '사람이 만든 제도'라고 한 것을 중히 여기고자 한다. 절대자인 하나님이 만든 것이 아니라 인간이 만든 것은 인간이 파기할 수 있다는 믿음을 초기 개종자들은 가지고 있었던 것이다. 예수가 유대의 율법을 대하듯이 말이다. 절대화된 유교적 신분제도와 그에 터한 질서를 세상의 것, 사람이 만든 것으로 상대화시킨 것이고, 이는 타파할 수도 있다고 규정한 것이다. 이처럼 초기 기독교공동체는 초월에 기대어 유교적인 것, 세상의 것과 맞서 긴장을 두려워하지 않았던 무리들의 종교공동체였던 것이다.

그래서 이 사랑방공동체에서는 신분에 상관없이 모두가 하나님의 자녀로서 서로 '형제자매'로 부르기도 하였다. 이런 소문을 들은 상민과 백정과 같은 천민들이 줄지어 교회로 들어오기 시작하였다.16 짧게 말하면, 구한말 기독교공동체는 유교질서와 타협하거나 유착되고자 하지 않았고, 융합되어 세상질서에 안주하려고 하지도 않았다. 오히려 이 유교질서를 하나님 나라의 가르침으로 뒤엎으려는 그러한 종교공동체였다. 유교의 가르침에 터한 세상과 확연히 구분되는 그러한 종교공동체였다. 교회와 세상 사이에 긴장이 있었다.

물론 구한말 유교적 사회에 기독교가 뿌리내리고 가지쳐 뻗어나갈 때 여러 가지 갈등을 안팎에서 겪었다. 1893년 문을 연 서울의 곤당골교회를 한번 보자.17 무어 S. F. Moore 선교사가 시작한 이 교회는 양반계층이 주를 이루었다. 그러다가 백정 박성춘이 개종하고 곤당골교회에 다니기 시작하였다. 아무런 문제가 없다가 1895년에 그가 세례를 받게 되자 양반계층이 교회를 떠나 홍문동교회를 세우는 일이 벌어졌다. 유교적 신분질서와 의식이 기독교로 개종한다고 하루아침에 사라지는 것이 아니다. 오랜 세월 지니고 온 신분질서와 의식이 개종자들과 더불어 교회 안으로 들어온 것이다. 그래서 이른바 '양반교회'와 '백정교회'로 나누어진 것이다. 이 두 교회는 각기 따로 성장하다가 1898년 곤당골교회가 화재로 예배당이 전소하자 곤당골교회 교인들이

---

16 기독교와 유교적 조선사회와의 만남에 대한 자세한 논의는 나의 영문 저서, *Protestantism and Politics in Korea*, 첫째 마당에서 볼 수 있다.
17 승동교회, 『勝洞敎會百年史, 1893~1993』(서울: 승동교회 역사편찬위원회, 1985), 64쪽에 기댐.

홍문동교회 교인들의 환영 가운데 홍문동교회와 합치게 되었다. 서로 나뉘어 있는 동안 하나님을 믿는다고 고백한 '예수쟁이들'이 서로 회개한 까닭이다.18 여기에서 보듯이, 인간이 만든 신분제도가 이 종교공동체에서 하루아침에 살아진 게 아니라 서서히 사라지는 과정을 우리는 간과해서는 안 된다.

우리가 익히 알고 있듯이, 당시 조선사회에는 나라 안팎의 거센 도전으로 개혁하지 않으면 나라가 망한다는 위기감이 팽배했었다. 한쪽에서는 수구적인 척사위정파의 무리들이 유교사회 질서의 복원으로 '개혁'을 부르짖고 있었고, 다른 한쪽에서는 진보적인 개화파 무리들이 나라의 문을 열고 선진문물을 받아들여 '개혁'해야 한다고 외치고 있었다. 그러니까 당시 유교사회 질서를 소리 내지 않고, 그러나 정면으로 맞서 혁파하고 있던 기독교공동체는 진보적인 개혁세력과 친화적 관계를 갖게 되었다. 이들이 기독교로 들어오자 이 종교공동체는 더욱 더 반유교적 개혁공동체가 되어갔다. 그래서 당시 우리 민족공동체를 휩쓸고 있던 새 교육, 새 문화, 새 사회운동은 교회 안팎에서 일어났고, 이 종교공동체 구성원, 특히 기독교 지도자들이 이러한 운동을 주도하게 되었다.19

---

18 이에 대한 상세한 내용과 논의는 김권정,「초기 한국교회와 신분갈등 — 홍문동 교회의 사례를 중심으로」,『韓國敎會史學會誌』, 11집(2002), 67~99쪽을 볼 것.
19 나의 영문 저서, *Protestantism and Politics in Korea*, 첫째 마당과 넷째 마당 그리고, 나의 논문집『근대한국과 기독교』의 첫 글을 볼 것.

셋. 개혁운동의 산실인 교회

구한말 최대의 조직적 사회운동이었던 독립협회운동을 보기 삼아 이를 살펴보자.20 우리 학계에서 이에 대한 연구는 비교적 활발하다. 이 가운데 대표적인 연구가 신용하의『獨立協會硏究 독립협회연구』다. 이 연구는 방대한 자료를 두루 살펴 독립협회와 그 운동에 관한 역사를 체계적으로 인식하려고 한 우리 학계에선 보기 드문 역작이다. 특히 신용하는 우리 학계에서 습관화된 자료의 짜깁기 작업을 넘어서 당시 우리 학계에 생소한 사회사의 시각과 방법으로 복잡한 역사 현상을 '해석'하고 '설명'하려고 했다. 그의 이 역작은 그 이후 독립협회와 이와 관련된 주제를 연구할 때 반드시 읽어야 하는 '고전'이 되었다.

그러나 신용하의 연구가 나온 지 40여 년이 지난 오늘날 그 책은 오늘에 사는 이들이 갖는 독립협회운동에 대한 지적 궁금증을 풀어주기에는 미흡하다. 우리 학계에 사회사적 시각과 방법론을 소개하고 이 분야를 개척하는데 분명 다른 이보다 앞서 있었던 신용하는 사회사학자들이 기피하여야 하는 추상적 용어를 사용, 복잡한 역사 현상을 설명하고자 하였다. 이를테면, 신용하에 의하면 독립협회는 고급관료들을 비롯한 당시의 엘리트들의 사교클럽으로 태동했다. 그러나 독립협회는 '신지식층'과 '동류의 사회의식을 가진 다수의 민중'이 참여하는

---

20 독립협회 운동에 대해서는 고전이 된 신용하,『獨立協會硏究』(서울: 일조각, 1976)를 읽을 것.

민중 진출기를 거쳐 민중 주도의 사회, 정치운동으로 발전했다. 사회학자 신용하는 신지식층을 서재필, 윤치호, 이상재, 남궁억 등 기독교 그룹과 개신 유학자 그룹으로 분류하고 있다.21 그러나 그의 연구는 이른바 신지식층이 그 배경으로 삼았던 집단과 어떻게 이념적, 조직적으로 이어져 있는가, 즉 이 운동의 사회사적 모습을 그리지 못하고 있다. 그 한 보기가 독립협회 지부 설치에 대한 설명이다. 이를테면 1889년 독립협회는 공주, 평양, 선천, 의주, 강계, 북청, 대구 및 목포에 지부를 설치하였다.22 공주 지부는 중앙 간부이자 친기독교계 인사인 이상재와 지석영이 자기들 고향에 협회 지부가 조직되어야 한다는 요청으로 설치되었고, 나머지 7개 지부는 그 지방에 사는 이들의 설치 요청에 따라 이루어졌다고 그는 밝히고 있다.23

그렇다면, 도대체 이 지방 도시들에서 누가 누구를 통해 서울에서 펼쳐지는 독립협회운동을 들어 알고 있었으며, 또한 이 협회가 품고 있는 개혁의 뜻에 심정적으로 동조할 뿐만 아니라 이를 적극적으로 펼쳐 보려는 이들은 누구였는가라는 질문으로 이어져야 한다. 이에 더하여, 부산이나 인천 또는 대전이나 광주와 같은 다른 지방 도시에 사는 이들이 아니라 왜 하필 위의 지방 도시에 사는 이들이 유독 독립협회 지부 설치를 '열화와 같이' 요청하였는가도 물어야 한다. 이에 대

---

21 윗글, 81~112쪽을 볼 것.
22 「독립신문」 1989년 10월 1일자.
23 신용하, 윗글, 88, 93~95쪽 및 106~107쪽.

한 대답이 바로 '동류의 사회의식을 가진 다수의 민중', 곧 깨어난 민중의 실체를 밝히는 것이 된다. 우리는 이 독립협회운동을 당시 이념적으로 유교적 조선을 개혁하려는 무리의 조직 공동체로 급성장하고 있는 기독교와 이어서 설명하여야 한다고 본다.

지금까지 나온 연구나 자료에 의하면, 지부가 설치된 8개의 도시 가운데 앞서 말한 공주 지부는 중앙의 친기독교계 인사들의 요청에 의해 설치되었고 나머지 7개 도시는 유독 기독교가 급성장하던 지방이나 도시였다. 평양, 의주, 강계, 선천은 이른바 서북지방, 즉 당시 조선의 기독교 교세가 반 이상이 집중된 지방의 도시들이다. 교회의 수도 그렇고 기독교 계통 학교의 수도 전체의 거의 반이 이 서북지방에 집중되어 있었다. 경상도의 대구, 함경도 북청, 그리고 전라도 목포 등도 기독교가 급성장 하던 도시였다.24 개혁적 조선 사람들의 공동체인 기독교가 왕성한 지방의 사람들이, 기독교 지도자들이 서울에서 펼치고 있었던 독립협회의 지부 설치를 요청하였던 것이다.

우리가 익히 알고 있듯이, 민중이 독립협회 운동에 참여하게 된 매체가 토론회였는데, 이 토론회도 기독교계 학교인 배재학당에서 처음 실시하였고, 뒤에 독립협회에서 토론회를 개최하였는데, 이때에도 배재학당에서 토론회를 가르치고 참여한 기독교계 인사들이 주축이 되

---

24 이 지방의 기독교 성장에 대해서는 이광린, 「開化期 관서지방과 基督敎」, 『韓國開化思想硏究』(서울: 일조각, 1979), 239~254쪽 및 Roy E. Shearer, 윗글, 4장과 5장을 볼 것.

었다. 서울 밖에서 최초의 토론회가 시작된 곳이 최초의 교회가 들어서 있던 솔내(흔히 '소래'로 알려진 송천 松川의 우리말 지명이다)였다는 것도 우연이 아니다.25 당시 기독교 신자들은 조선의 어느 무리들보다도 먼저 대중 앞에서 토론하고 연설하는 새 정치를 체험하였고 또한 모임을 만들고 운영하는 새 정치 기술을 습득한 이들이었다.

한 자료에 의하면, 독립협회의 평양 지부는 길선주, 안창호를 비롯하여 17명의 평양 기독교 지도자들에 의하여 설치되었다. 지부설치 기념대회에 약 4~5천 명이 모였고 길선주와 안창호가 연설을 하였으며, 참석자 대다수가 기독교 신자들이었다.26 이만열의 연구에 의하면, 중앙의 지도부를 기독교계 인사들이 움직일 뿐만 아니라 아펜젤러와 같은 선교사들도 지원하고 있었고, 평양의 기독교인들이 적극적으로 독립협회 운동을 지원하는 대중 집회를 열고 있었던 것이다.27 황국협회나 보부상들이 독립협회의 대중 시위를 탄압할 때 교회와 선교학교가 독립협회의 '장귀 長鬼'였다고 지적하고 있으며,28 『일본공사관기록』도 독립협회와 기독교공동체의 이음새를 지적하고 있다.29 '동양의 예

---

25 『협성회보』, 1898년 1월 8일.
26 김인서, 「靈溪 先生小傳」, 『信仰生活』, 1933년 2월호, 26~30쪽, 특히 27쪽을 볼 것.
27 이만열, 『韓國基督敎와 民族意識』(서울: 지식산업사, 1992), 211~212, 236~238쪽을 볼 것. 나의 학위논문이 나온 이후지만, 이만열도 신용하의 연구가 협회운동을 보는데 기독교가 빠져 있음을 비판하였다. 윗글, 17쪽과 236쪽의 달음 89)도 볼 것.
28 윗글, 237쪽.
29 윗글, 같은 쪽을 볼 것.

루살렘 Jerusalem in the East'이라 일컬어지기도 하고 '조선 기독교의 성지 the Holy City in Korea'라고도 불릴 만큼 기독교 성장과 활동이 왕성했던 평양에서 기독교 신자들, 곧 '동류의 사회의식을 가진 다수의 민중'에 의해 독립협회 평양 지부가 설치되었듯이, 기독교가 놀라운 성장을 보인 서북의 선천, 강계, 의주와 함경도 북청, 전라도 목포, 경상도 대구의 지부 설치 등 독립협회 활동이 다른 지방과 도시보다 더 활발하였던 것은 기독교공동체 때문이었다고 보는 것이 마땅하다. 기독교가 왕성한 이 지방도시 사람들이 다른 지방 사람들보다 먼저 독립협회 운동을 받아들였다는 사실은 이들이 교회와 교회가 세운 학교를 통해 근대 문물을 다른 이들보다 더 빨리 접하고 사회적, 정치적으로 더 일찍 깨어났음을 뜻한다. 바로 여기서 우리는 당시 기독교공동체와 조선의 개혁세력과의 이음새를 읽게 되는 것이다.30

짧게 보았지만, 독립협회의 중앙지도부를 움직인 서재필, 윤치호, 이상재, 남궁억, 이승만 등이 기독교 지도자들이었고, 지부 설치를 비롯한 지방 활동도 기독교가 왕성한 곳에서 그 구성원에 의해 펼쳐졌다면, 독립협회 운동을 기독교공동체와 떼어서, 또는 독립협회운동에

---

30 앞서 언급한 곤당골교회와 홍문동교회의 분열과 재결합의 역사에서 우리의 흥미를 끄는 것은 홍문동교회 지도자들이 독립협회 운동에 적극적이었고, 곤당골교회의 유명한 백정 박성춘도 독립협회 운동에 적극적으로 참여, 만민공동회의에서는 연단에 올라 명연설을 하기도 하였다. 교회는 따로 했지만 사회개혁운동은 함께하였다, 사회개혁운동을 함께하며 하나됨을 깨닫고 재결합했다고도 할 수 있을 것이다. "동류의 사회의식을 가진 민중"으로서 말이다. 김권정, 윗글, 여러 곳을 볼 것.

기독교 신도들이 참여한 정도로 이해하거나 설명해서는 안 된다. 독립협회운동과 같은 당시의 사회, 정치적 개혁운동이 개혁적이며 또한 새로운 정치를 체험하고 그 기술을 체득한 무리의 공동체인 기독교와 이념적, 조직적으로 깊게 이어져 있었던 것이다. 신문화운동의 본거지는 교회와 교회가 세운 학교였고, 또 조선 사람들이 쉽게 모여 개혁을 논의할 수 있는 곳은 교회나 교회 계통의 학교밖에 없었던 것이다.31

넷. 우리의 '초대교회 공동체' 모습을 본보기로

구한말 기독교공동체는 유교사회 질서와 맞서 긴장하고 있었다. 적은 무리의 작은 종교공동체였지만 유교 질서와 타협하거나 야합하여 그 질서에 안주하기를 거부하였기 때문이다. 유교 질서를 사람이 만든 질서라고 규정하고 이를 혁파하여 '하나님 나라'의 기준에 따라 새 질서를 만들려고 했던 공동체가 당시의 교회였다. 초월에 기댄, 그래서 세상과 확연히 구별되고 정면으로 맞선 그러한 종교공동체였다. 유교 질서와 긴장하고 갈등하고 있었음으로 이 종교공동체 구성원들은 그만큼 응집력이 강했고 그만큼 더 역동적이었다. 기독교 지도자들은 교회 안팎에서, 특히 진취적인 개혁세력에게 존경받았다. 개혁세력과 개

---

31 崔明植, 『安事件과 三一運動과 나』(서울: 극허전기편찬위원회, 1970), 14~17쪽.

혁열망세력이 교회로 들어오게 되자 이 종교공동체는 더욱 더 개혁적인 집단이 되었고 그래서 당시 조선 사람들의 최대 조직공동체로 성장하게 되었다.32

우리가 구한말의 기독교, 그러니까 우리의 '초대기독교'의 모습을 살펴보는 이유 가운데 하나는 오늘의 기독교의 갱신과 개혁을 위해서다. 교회가 개혁을 한다면 바라다보아야 할 '본보기'가 있어야 한다. 성서로 돌아갈 수도 있고, 1세기 팔레스타인의 '예수 공동체'를 바라볼 수도 있을 것이며, '국교'로 인정받기 전 로마의 기독교를 바라다 볼 수도 있을 것이다. 또한 청교도들의 공동체도 볼 수 있고, 중세 수도원과 같은 운동도 살필 수도 있을 것이다. 하지만 멀리 갈 필요도 없이 우리 교회를 자기 성찰적으로 바라보기 위해서는 구한말 이 땅에 뿌리를 내리고 가지쳐 뻗어나간 우리의 '초대교회 공동체'의 모습을 '본보기'로 삼을 수도 있을 것이다.

이 시대, 이 땅에서 '기독교'는 무엇이고, '기독교 지도자다움'은 무엇인가?

---

32 나의 논문집, 『기독교와 근대한국』, 『한국기독교사 인식』, 그리고 나의 영문 저서, *Protestantism and Politics in Korea*, 여러 곳을 볼 것.

제4강

1907년 대부흥운동의 텍스트와 콘텍스트

제4강. 1907년 대부흥운동의 텍스트와 콘텍스트

하나. 평양 대부흥운동을 바라보는 불편한 시각

1907년 평양대부흥운동의 100주년이 되는 2007년에 부흥사들, 교회 지도자들이 중심이 된 여러 단체들이 앞 다투어 기념행사를 했다. 공룡화된 한국기독교가 자기의 거대한 몸집을 뽐내려는 듯, 과시하려는 듯, 경쟁적으로 이름을 내고 얼굴을 내밀며 이런 저런 행사를 기획했다. 1907년 대부흥운동의 역사를 왜곡하는 행위이다. 1907년 대부흥운동은 과시나 뽐냄에서 시작된 것이 아니다. 개인적이고 집단적인 회개와 자기성찰에서 그 운동이 시작되었다. 그리고 당시 암담한 역사현실에 대한 깊은 번뇌와 자기헌신을 결단하는 역사적 사건이었다. 그런데 100주년 행사를 기획한 한국기독교계의 모습은 이와는 너무도

---

* 이글은 2006년 6월 3일 분당 소재 새벽월드교회 평화센터에서 열린 '2007포럼'에서 발표한 것을 수정, 보완한 것이다. 이를 논문으로 만들어 『한국민족운동연구』 54집(2008년 3월)에 실었다. 한국 역사학계의 검정과 인정을 받고 싶어서이기도 하지만 나의 이러한 생각을 널리 알리고 싶어서였다.

다르다. 그래서 이를 한번 되새겨 본다.

어느 시각에서 보든지 1907년에 일어난 '평양 대부흥운동'은 한국 기독교사에서 중요한 사건으로 자리매김 되어 있다.1 이 운동이 한국 기독교를 양적으로 성장시켰고, 급속하게 팽창해 나가는 전국의 교회를 조직화하는 계기를 만들었으며, '한국적 신학'이 잉태되어 뿌리 내리기 시작한 사건으로 보기도 한다. 또한 이 운동을 당시 세계교회적으로 일어난 부흥운동의 '조선현상'이라고 보려는 시각도 있다.2 이러한 시각과 함께 기독교사학계에서는 이 부흥운동이 한국교회가 '비정치화'나 '비사회화'의 길로 들어서는 전기가 되었다고 인식하는 이들도 있다.3

사실 우리가 알고 있듯이, 이 1907년 평양 대부흥운동은 1903년 원산을 중심으로 일기 시작한 부흥운동의 여파가 '동양의 예루살렘'으로 불릴 만큼 한국기독교의 중심지였던 평양으로 옮아와 불길처럼 치솟은 영적 각성운동이었다.4 그리고 이 1907년 평양 대부흥운동은 그 한 해 절정을 이루고 끝난 것이 아니라 그 이후 끊임없이 지속되다가 1909년과 1910년 그 영적각성의 불꽃이 다시 높이 치솟은 그러한 사

---

1 한국기독교사를 개척한 백낙준이나 김양선은 물론, 그 뒤를 이어 한국기독교사를 연구하는 이만열, 민경배와 같은 이들 모두 이 부흥운동을 중요한 사건으로 다루고 있다. 이들의 글들은 널리 알려져 있어 여기에 다시 언급할 필요도 없다.
2 박명수, 『한국교회운동』(서울: 한국기독교사연구소, 2003), 둘째 마당 첫 부분을 볼 것.
3 백낙준, 민경배, 그리고 서정민과 같은 이들의 견해이다.
4 박명수, 윗글, 37~42쪽을 볼 것.

건, 그러니까 평양이라는 어떤 한 곳, 1907년이라는 한 시점에 제한된 사건이 아니라 적어도 1903년부터 1910년대 이 땅을 뒤덮은 영적 대각성 운동으로 인식할 필요가 있다.5

그렇기에 이 부흥운동에 대한 논의는 어떤 시각을 가지고 있던지 그것이 일어난 시대의 역사를 배경으로 깔고 이루어져야 하는 것이다. 그럼에도 불구하고 거의 모든 '교회 안의 역사학자들in-house historians'은 이 대부흥운동을 교회사적 사건으로만 인식하고 있는 듯하다. 이를테면, 이 부흥운동으로 기독교가 놀랍게 성장하였다든지, 조선교회의 조직화의 계기가 되었다든지, '내세적 가르침'이 그 신학적 기조였다든지, 그리고 세계 기독교사에 획을 그을 부흥운동이라고 논의하고 있다. 이들은 이 부흥운동으로 나타난 교회의 성장, 조직화, 그 '내세적인 언어와 상징'이 어떤 역사적 의미를 담고 있는지를 논의하고 있지 않다. 1907년 평양대부흥운동을 논의한 글들 거의 모두가 텍스트만을 논의하지 깊은 수준에서 텍스트text를 그 콘텍스트context와 이어 논의한 글들이 드물다.

이를 보더라도 왜 우리의 기독교사가 일반 역사학계의 연구대상이 되지 못하고 있는가를 쉬이 알게 된다. 이 대부흥운동이 어째서 그 시기에 이 땅에서 벌어졌는지, 왜 이 시기에 부흥운동을 통해 조선 사람

---

5 사전에는 1909~1910년에 일어난 '백만구령운동'의 사회, 정치적인 의미는 미국 선교본부도 인지하고 있었다. Arthur J. Brown, *The Mastery of the Far East* (New York: Charles Scribner's Sons, 1919), 568~570쪽을 볼 것.

들이 줄지어 교회로 들어왔는지, 그 당시 교회조직의 의미는 무엇인지, 부흥운동의 내세적 언어와 상징은 어떤 역사적 의미를 담고 있는지, 그리고 무엇보다도 이 부흥운동의 결과 이 땅에서 기독교공동체가 어떠한 모습으로 나타나 자리하게 되었는지를 전혀 논의하지 않고 있다. 이 운동이 일어난 이 땅의 역사 전개와 관계가 전혀 없는 듯이 좁게, 추상적으로, 그리고 이야기 중심으로 '교회의 사건'으로 또는 '교회사적 사건'으로만 바라보고 논의하고 있다.

나는 이러한 시각과 논의에 동의할 수가 없다. 선교사들이 '복음'을 전해주었든지, 아니면 우리가 주체적으로 기독교를 받아들였든지 이 땅의 교회는 이 땅의 토양에 뿌리 내리고 가지쳐 뻗어나간 '이 땅의 역사현상'이다. 이 땅에서 일어난 이 대부흥운동도 이 땅의 역사 전개와 무관한 것이 아니며, 그렇기에 이 부흥운동이라는 '텍스트'는 그 역사의 '콘텍스트'와 이어서 바라보고 논의하여야 한다. 그래야만 기독교사만이 아니라 우리 역사에서 이 부흥운동이 온당한 자리매김을 받을 수 있고, 그래야만 이 부흥운동의 역사적 참 뜻을 새길 수 있게 된다.

이 글에서는 1903년부터 1910년대까지 전국을 휩쓴 부흥운동을 사회사적 시각에서 논의하고자 한다. 특히 대부흥운동기에 나타난 종말론적, 내세적 언어와 상징(이를 텍스트라고 하자)이 당시(이를 콘텍스트라고 한다) 어떤 역사적 의미가 있었는지를 주로 다루고자 한다. 그러니까 이 논의는 대부흥운동을 교회의 '비정치화' 또는 '비사회화'의 역사라고 보는 '교회 안의 역사학자들'의 시각과 논의가 얼마나 몰역사적이

고 비역사적인가를 중점적으로 논의하고자 한다.6

둘. 기독교공동체와 반일민족운동의 이음새

우리가 익히 알고 있듯이, '보수와 개혁', '전통과 변혁'으로 갈리어 정치적으로 사회적으로 갈등하고 있던 구한말에 기독교는 이 땅에 들어왔다. 이 갈등의 틈새에서 서양에서 들어온 기독교는 새로운 사회를 지향하던 조선의 진보적 개혁세력과 짝하여 유교적 조선에 뿌리를 내리고, 새 정치, 새 사회, 새 문화운동의 중심에 서서 당시의 개혁적 조선인들을 아우르는 종교공동체로 가지쳐 뻗어나가기 시작하였다. 그렇기에 당시 조선의 개혁운동은 이 작은 기독교공동체 안팎에서, 이 종교공동체에 기대어 일어났던 것이다.7

그러나 기독교와 기독교인들의 이러한 개혁적 노력은 일본제국의 식민 야욕을 꺾고 조선을 구하지 못하였다. 조선은 1905년 보호조치

---

6 오래전 미국대학에 있을 때 나는 우리 학계에 이러한 시각으로 이 문제를 논의하여야 한다고 주장한 적이 있다. 박정신, 「구한말, 일제초기 기독교 신학과 정치 - 진보적 사회운동과 민족주의 운동을 중심으로」, 『현상과 인식』, 봄호(1993), 103~125쪽이 그 한 보기이다. 이 글은 나의 논문집 『근대한국과 기독교』(서울; 민영사, 1997)에도 실려 있다.

7 나는 오래전부터 이러한 시각으로 글들을 써 왔다. 이 글에 실린 나의 글들이 그 보기이다. 특히 나의 영문 저서, *Protestantism and Politics in Korea*, 첫째 마당과 넷째 마당을 읽을 것.

를 당하고 1910년 병탄을 당하게 되었다. 이 땅이, 조선민족이 일제 통치의 굴레에 속박되었던 것이다. 우리가 익히 알고 있듯이, 이 일제 강점통치 초기는 '무단통치기'라고 하는데, 일제는 오로지 경찰과 군대의 무력에 의지해 조선 사람들을 통치하였다. 나라 잃은 조선 사람들은 집회·결사·언론 자유와 같은 기본인권을 박탈당하였기 때문에 어떠한 단체나 활동도 할 수가 없었으며 신문이나 잡지를 가질 수도 없었다. 그야말로 '암흑기'를 맞아 암울한 삶을 꾸려야 했다.8

참담하고 참혹한 삶을 꾸리는 조선 사람들은 그야말로 '희망 없고 기댈 곳 없는 인민'이었다. 무기력하게 나라를 내준 조선 황실에도 기댈 수가 없었고, 오랫동안 지배엘리트로 군림만 해온 파당정치의 양반들을 의지할 수도 없었으며, 옛 유교의 가르침이 이들에게 소망을 주지 못했고, 현실도피적인 불교도 희망의 종교가 되지 못하였다. 이러한 역사적 상황에서 허탈과 좌절의 삶을 꾸리게 된 조선 사람들은 '기댈 곳'과 '희망을 줄 곳'을 기다리게 되었다. 그것이 바로 기독교공동체였다.9

짧은 시기에 이미 기독교는 조선 사람들에게 '새 소망'의 공동체로 각인되기 시작하였다. 수직적인 조선의 유교사회에서 기독교는 신분, 나이, 성의 구분과 차별을 허무는 수평적 공동체로 떠올라 상민과 천민, 여자들과 나이 어린 이들이 양반과 남자들, 그리고 나이 많은 이

---

8 식민 초기 시대상황에 대해서는 윗글, 129~135쪽을 볼 것.
9 나의 영문 저서, *Protestantism and Politics in Korea*, 둘째 마당을 읽을 것.

들과 함께 '형제자매'로 한 하나님을 섬기는 공동체로 자리매김하고 있었다. 신분이나 성의 구분이나 차별 없이 공동체를 꾸리는 지도자나 간부가 되었고, 남녀가 함께 자리하여 예배를 보고, 교육도 받고, 함께 활동을 하였다. 그래서 이미 구한말에 이 기독교공동체 안팎에서 '새로운 사회'를 열망하는 운동이 일어난 것이다. 개혁적 조선 사람들의 소망의 공동체로, 유교적 조선사회에서 억눌려 온 조선 사람들이 기대는 개혁 공동체로 자리하고 있었던 것이다.10

이 기독교공동체가 1905년 보호조치, 1910년 병탄과 더불어 펼쳐진 일본제국의 '무단통치기'에 새로운 의미를 주는 공동체로 등장하였다. 특히 조선 사람들에게는 종교단체와 활동만을 허용했기 때문에 조선 사람들이 모일 수 있는 곳은 종교공동체밖에 없었다. 산속에 있는 불교 사찰이나 특별한 활동이 없는 유교보다는 '동네에 있는 예배당'이 조선 사람들이 쉬이 모이기에 편리하였다. 그것도 일주일에 열 번 이상 예배니 기도모임이니 하며 조선 사람들이 모일 기회를 제공하는 것이 '동네에 들어선 예배당들'이었다.11 그래서 예배당들은 조선 사람들끼리 쉬이 모일 수 있는 곳, 만나서 서로 위로하는 곳, 만나서 나라

---

10 이러한 시각에서 기독교와 구한말 우리의 역사변동을 논의한 나의 여러 글들을 볼 것. 이를테면 「기독교와 한국 역사변동—그 만남, 물림, 그리고 엇물림의 사회사」, 『한국기독교사 인식』(서울: 혜안, 2004), 125~179쪽, 특히 141~149쪽과 나의 영문 저서, *Protestantism and Politics in Korea*, 넷째 마당을 읽을 것.
11 매일 새벽 기도모임, 수요 기도모임, 일요일 낮과 저녁 예배가 있었다. 이런 모임의 사회, 정치적 중요성에 대한 논의는 나의 글, 「기독교와 한국 역사변동」, 151~152쪽을 볼 것.

잃은데 대해 울분을 토해 내는 곳, 나라와 겨레의 올제에 대한 생각을 나누고 일을 도모하는 곳이 되었다. 이 암흑기의 기독교공동체는 예배니 기도모임이니 또는 성경공부모임이니 하며 모였지만, 이러한 모임 자체가 그 시대에는 정치적 의미를 지니고, 정치적 기능을 할 수밖에 없는, 그래서 조선 사람들의 사회적, 정치적 공동체의 기능을 하게 된 것이다. 그러기에 이 시대 조선 사람들은 기독교공동체에 줄지어 들어왔고, 그렇지 않은 조선 사람들도 이 종교공동체에 큰 기대를 하고 있었다.12

당시 조선 기독교인들은 팽창하여만 가는 기독교공동체에 모여 "믿는 사람들아 군병 같으니", "십자가 군병 되어", "십자가 군병들아 주 위해 일어나"와 같은 전투적 찬송가를 불러댔다. 이들은 또한 애굽에서 노예 되었다가 해방 되어 약속의 땅 가나안으로 들어간 일, 강력한 이웃 블레셋과 싸워 이긴 일, 바빌론에 포로로 끌려갔다가 풀려난 일, 소년 다윗이 거장 골리앗을 이긴 일, 이러한 히브리 역사가 담긴 구약성서와 새 하늘과 새 땅이 열릴 그날을 예언한 계시록을 반복해서 읽었고, 또한 이런 성서 이야기와 예언에 터한 설교를 듣고 또 들었다.13 조선 사람들이 이 성서의 상징과 언어, 그리고 이야기를 그들이

---

12 윗글, 152~155쪽을 볼 것. 종교 자체를 인정치 않았던 신채호도 기독교만은 인정하였고, 3·1운동 후 공산 게릴라 운동에 투신한 김 산과 그 시대의 사람들은 기독교가 '조선독립의 어머니'가 될 것이라고 예견했으며, 「大韓每日申報」 사설에도 나라를 빼앗긴 조선의 유일한 희망은 죽음으로 독립을 잃지 않기로 맹세하고 기도하는 '耶蘇敎의 信徒 數十萬'에게 있다고 할 정도였다.

처한 식민 상황과 이어서 새기었음은 물론이다.14

짧게 말하면, 증가되어만 가던 신자 수, 확대되어만 가던 교회 조직과 전국적 조직망, 빈번한 도임, 이들이 가진 해방의 언어와 상징, 그리고 묵시론적 소망과 전투적 찬송가 등을 함께 묶어 새길 때, 당시 기독교공동체는 그야말로 조선 사람들이 가진 최대의 조직공동체였고 또한 새 소망을 지닌 활기 넘치는 피식민지민의 공동체였다.

자연히 일제강점통치 세력은 기독교공동체를 그냥 내버려 둘 수가 없었다. 밀정을 보내 끊임없이 감시하고 죄어가기 시작하였다. 당시 조선을 방문한 한 서양 사람의 글을 여기에 따온다.

> 일본 경찰이 교회로 몰려드는 크리스천 무리를 보고 이들은 왜 이렇게 자주 모이고 또 모여서 도대체 무엇을 하고 있는가를 성가시게 알고자 했다 (……) 수많은 무리가 모여 '믿는 사람들아 군병 같으니 앞서가신 주를 따라 갑시다', '십자가 군병들아 주 위해 일어나' (……) 와 같은 찬송가를 함께 부르고, 그리고 난 다음 선교사 조오지 맥큔이 뜻이 옳고 마음이 순전한 사람은 약할지라도 힘 센 자를 능히 이길 수 있다는 전래의 교훈을 강조하면서 다윗과 골리앗의 이야기를 하였다. 이것은 반역적인 가르침이라 하여 즉각 식민당국에 보고되었다. 왜냐하면 맥큔이 다윗이 연약한 조선 사람들이고 골리앗이 힘센 일본 사람

---

13 자세한 논의는 나의 영문 저서, *Protestantism and Politics in Korea*, 둘째 마당을 읽을 것.
14 제1강 달음 9)에 있는 글들을 볼 것.

으로 상징화시켜 가르치려 했음이 분명하기 때문이다. 한 목사는 천국에 대하여 설교했다고 체포되었다고 한다. 조선에 있는 일본경찰은 조선교회의 엄청난 조직이 '반일혁명의 온상(the hotbed of revolutionary opportunities)'이라고 항상 생각하였고, 그래서 방심치 않고 감시하였다.15

당시 일제강점통치 당국도 기독교를 반일 독립운동의 '소굴'로 보고 있었다.16 사실 당시의 반일 독립활동도 기독교공동체 안팎에서 기독교인들에 의하여 펼쳐지고 있었다. 1908년 이토 히로부미 伊藤博文의 미국인 고문 스티븐스 Durham W. Stevens를 암살한 것도 장인환이라는 기독청년이었고, 보호조치를 앞장서서 추진한 이완용을 암살하려 했던 이재명 사건에 연루된 이들 대다수가 기독교인들이었으며, '105인 사건'에 연루된 이들 거의 모두가 기독교인들이었다. 특히 '105인 사건'은 기독교를 토대로 한 반일 민족운동을 와해시키려는 음모로 꾸며진 사건이었다. 상동교회를 비밀본부로 삼아 윤치호, 전덕기, 이동휘, 이동녕, 김 구를 비롯한 기독교 지도자들과 민족지도자들이 모여 비밀결사체를 결성하고, '상동청년학원'을 만들어 젊은 민족주의자들을 결집하려는 움직임을 차단하려고 한 사건이었다. 기독교와 민족운동의 이음새를 잘라 내려는 계략에서 나온 것이다. 그만큼 일제 당국은 기독

---

15 Arthur J. Brown, 윗글, 568~570쪽을 옮김.
16 당시 일본 식민통치 당국의 비밀정보보고서는 內田良平, 「熙政元事 (1930)」, 金正柱 엮음, 『朝鮮統治史料』 四卷, 韓日合邦(II) (東京: 韓國史料研究所, 1970), 12~205쪽에 있는데, 특히 120쪽을 볼 것.

교공동체를 감시하고 죄어가지 않을 수가 없었다.17

짧게 말해서, 기독교가 정치집단은 아니었지만, 집회·결사·언론의 자유를 박탈당하여 사회, 정치조직과 활동이 금지되었던 일제 초기 무단통치 시기에는 기독교공동체(교회, 교회계통 학교, 교회관련 기관)는 조선 사람들의 조직공동체로 기능하고 있었다. 그래서 반일 민족운동이 이 종교공동체와 깊게 이어져 있었던 것이다.

셋. 묵시론적 내세주의 신학은 현실도피용인가?

이러한 역사적 상황에서 벌어진 부흥운동, 앞서 언급한 것처럼, 1903년 원산에서 일기 시작하여 1907년 평양에서 그 불길이 치솟고, 그리고 1909~1910년에 다시금 전국적으로 활화산이 되어 폭발하였던 그 대부흥운동은 앞서 논의한 우리 역사의 흐름이라는 콘텍스트와 이어서 이해되고 논의하여야 한다. 그래야만 '교회 울타리를 넘어', '교회사적 의미를 넘어', 우리 역사라는 넓은 의미에서 그 역사적 의미를 새길 수가 있다. 그럼에도 불구하고 이에 대한 논의는 그 부흥운동기에 나타난 내세적인 언어와 상징들의 '텍스트 읽기'에 걸려서 부흥운

---

17 자세한 것은 나의 글, 「기독교와 한국 역사변동」, 156~157쪽을 볼 것. 105인 사건에 대해서는 윤경로, 『105인 事件과 新民會 硏究』(서울: 일지사, 1990)을 볼 것.

동을 '교회 안의 종교적 사건'으로, 몰역사적 종교행사나 비사회적 종교행위로 치부하고 있다.18

나라를 빼앗길 상황에서, 그리고 나라를 빼앗긴 상황에서, 조선 사람들은 분노와 낙담의 삶을 꾸려야 했다. 크리스천이라고 예외는 아니었다. 가까운 장래에 악하고 강력한 일제가 그들에게 독립을 선뜻 내줄 것도 아니고, 그렇다고 그들 스스로가 독립을 쟁취할 힘도 없었던 조선 사람들, 조선의 크리스천들은 낙담과 절망감에 깊이 빠지게 되었다.

조선의 크리스천들은 '여기, 그리고 지금'의 고통스럽고 소망 없는 역사 현장에서 도피하고 싶은 마음으로 가득 찼을 것이다. 세상 종말이 오기를 바라며 내세를 그리며 '영혼 구원'만을 갈구하는 듯 부흥운동을 펼치고 거기에 빠져 있었다. 이 식민지 상황에서 소망을 잃은 조선 크리스천들이 벌이는 이러한 부흥운동을 보고 당시 조선을 방문한 미국 선교본부의 한 인사는 현세가 구원될 수 있다는 소망을 잃어버린 조선 기독교공동체는 내세를 기다리는 데만 몰두하고 있었다고 우리에게 증언해 주고 있다.19 이처럼 일제강점통치를 내다보면서, 그리고 그 통치를 받게 되면서 굴종과 좌절의 삶을 꾸려야 했던 조선 크리스천들은 '예수 다시 오심'에 그들의 소망을 두고 그때에 올 영광을

---

18 달음 86)에 있는 이들의 글들을 볼 것. 특히 이만열, 「한말 기독교 思潮의 兩面性 試考」, 『한국기독교와 민족의식』(서울: 지식산업사, 1991), 204~256쪽, 특히 246~253쪽을 볼 것.
19 Arthur J. Brown, 윗글, 541쪽.

기다리는 듯한 부흥회를 펼치었다. 이들에게서 우리는 분명 고통스런 역사 현장을 도피하려는 듯한 신학적 언어와 상징을 본다.

그러나 나는 일제강점통치 초기 일련의 부흥운동에서 나타나는 묵시론적 내세주의 신학을 간단히 현실도피주의로 보아서는 안 된다고 주장한다.20 그 당시 조선교회가 빈번히 벌였던 부흥운동의 맨 앞에 선, 그래서 현실도피적 내세주의자로 간주된 길선주의 가르침과 행동 때문이다.

길선주는 율법을 따름으로써가 아니라 메시아가 다시 온다는 언약을 굳게 믿음으로 구원을 받는다는 구약시대 선지자들의 가르침과 계시록의 예언을 빈번히 이야기하였다. 크리스천의 신앙은 십자가에 매달려 피 흘리는 그리스도에 있는 것이 아니라, 변치도 소멸하지도 않는 영원한 소망, 평화의 낙원을 이루기 위하여 언약된 메시아가 다시 온다는 소망에 있다고 선포한 후, 소망을 잃지 말고 기쁨 가운데 그날을 준비하여야 한다고 설교하며 조선 크리스천들을 독려하였다.21

길선주를 비롯한 당시(부흥운동기) 교회 지도자들이 사용한 이러한 종교적 언어와 상징을 문자적으로 읽은 후 이를 간단히 종교적 현실도

---

20 나의 이러한 논의를 자세히 보기 위해서는 나의 영문 저서, *Protestantism and Politics in Korea*, 둘째 마당, 특히 60~66쪽과 나의 글, 「구한말, 일제 초기 기독교 신학과 정치」, 특히 114~123쪽을 볼 것.
21 길선주의 신학을 선명하게 보여주는 다음 글을 볼 것. 길선주, 「末世學」, 『靈溪 吉善宙牧師 遺稿集』 1권(서울: 大韓基督敎書會, 1968), 21~141쪽, 특히 28쪽을 볼 것. 이 글은 1930년에 처음으로 간행되었다.

피주의라고 주장하지만, 이들의 종교적 언어와 상징은 당시의 역사적 콘텍스트에서 그 뜻을 읽어내야 한다. 이를테면, 길선주를 비롯한 당시 교회 지도자들은 일제강점통치 아래 있는 조선의 현실과 애굽의 종이 된 이스라엘 민족의 현실을 비교하면서 그들의 종교적 신념과 조선 사람으로서의 간절한 소망을 나타내고 있다고 보아야 한다. 소망을 가질 수 없는 백성, 이스라엘 사람들이 야훼에 대한 믿음과 메시아의 오심을 끈질기게 기림으로 소망의 기쁨을 갖고 산 것처럼, 조선 사람들도 그리스도의 십자가의 죽음에만 얽매이지 말고 메시아가 다시 와서 새 하늘과 새 땅을 열 것이라는 소망을 가지라고 설파한 것이다. 그리고 압제자들로부터 해방을 어떻게 쟁취하고 '소망 없는 현실'에서 어떻게 소망을 일구어 갔는가를 출애굽기를 비롯한 구약성서에 기록된 해방과 소망의 역사를 부흥운동기의 교회 지도자들은 이야기하였던 것이다. 당시 교회 지도자들이 그들의 정치현실을 어떻게 인식하였는지를 우리는 다음 글에서 읽을 수 있다.

일본이 (이곳에서) 악의 상징인 것처럼 애굽은 죄악 권세의 모습입니다. 이스라엘 민족이 죄악 세력을 알게 된 것처럼 조선 사람들도 악의 본질을 배우고 있습니다. 이스라엘 민족이 하나님을 알게 된 것처럼 조선 사람들도 하나님을 알아가고 있습니다. 이것이 우리가 조선 사람들에게 복음을 가르치는 주된 이유 가운데 하나입니다. 왜냐하면 하나님은 의로우시고 권능을 가지고 계시다는 것을 우리가 알고 있기 때문입니다. 그래서 조선 크리스천들에게 기독교는 권

능이며, 이를 가지고 조선 사람들이 구원을 받을 수 있을 것입니다. 이스라엘 민족이 하나님의 도우심으로 번성한 것처럼 일본 통치 아래서 조선 사람들은 번성할 수가 있습니다. (……) 정의의 적은 하나님의 백성을 핍박하고 억누르지만, 이 진리의 증거를 파괴할 수도 없고 또한 그것을 방해할 수도 없다는 것을 출애굽기는 가르쳐 주고 있습니다.22

이처럼 부흥회가 빈번하였던 당시 교회의 지도자들은 조선의 일제의 강점통치 현실을 외면하거나 도피하지 않았다. 현실도피적인 신앙을 가졌다면, 애굽과 일본, 이스라엘 민족과 조선 민족을 견주지 않고 종말이니 내세니 하며 추상적인 설교를 하고, 성서를 추상적으로 가르쳤을 것이다. 그러나 당시의 크리스천들은 식민지 현실을 기독교의 상징과 언어를 통하여 인식하고 그들의 간절한 민족적 바람을 이러한 종교적 상징과 언어를 통하여 표출하였던 것이다. 당시 기독교인들은 참혹한 식민통치의 현실에 두 발을 딛고 서서 결국에는 오고야 말 '그때'를 이야기하고 기다리면서 삶을 꾸렸던 것이다.

문자적으로 그들의 언어를 새겨도 길선주를 비롯한 부흥운동기의 기독교 지도자들은 종교적 현실도피주의를 가르치지 않았다. 이 세상이 변하여 낙원이 될 것이라는 그들의 낙원은 이 세상에서 이루어질

---

22 당시(1907년) 사용된 주일학교 교본, W. S. Swallen, *Sunday School on the Book of Exodus* 서문의 한 구절이다. 나는 Kim Yong-bock(ed.), *Minjung Theology - People as the Subjects of History* (Singapore: The Christian Conference of Asia, 1981), 104쪽의 따옴을 다시 따와 옮기었다.

낙원이었다. 일제의 압제 아래 굴종의 삶을 꾸려야 하는 조선 크리스천들에게 메시아가 와서 새 하늘과 새 땅을 열 때까지 소망 가운데 깨어 준비하라고 가르쳤다. 성서의 언어와 이야기를 통해 고통의 역사 현장을 상징적으로 그리면서 조선 사람들로 하여금 소망을 품게 하고자 했던 것이다.23

부흥회란 하나의 집합적 종교 경험이다. 수많은 크리스천들이 몇 날 밤낮을 한 곳에서 함께 지내며, 한 하나님을 향해 함께 찬송 부르고 기도하며 함께 성경공부를 하는 종교행사다. 조선 크리스천들은 이러한 부흥운동을 통하여 성서의 가르침만을 배운 것이 아니라 조직적, 정서적으로 더욱더 '하나 됨'을 체험하게 되었다. 부흥운동을 통하여 교회가 조선 사람들의 최대의 조직공동체로서 더욱 강한 응집력을 갖게 되었다는 말이다. 대부흥운동 시기 조선 크리스천들은 그리스도를 '대원수'로, 성령을 '검'으로, 믿음을 '방패'로 삼아 민족을 위해 죽을 각오를 하고 있는 무리로 등장하였다.24 사실 대부흥운동 전후에 내세적이라는 크리스천들의 역사참여 의식은 다음 글에서도 분명히 나타난다.

現今(현금) 大韓(대한) 나라 안에, 耶蘇敎(야소교)의 信徒(신도)가 數十萬(수십만)에 달하고 있다. 그런데, 이들이 저마다 「死」字(「사」자)로 스스로 맹세하여 國家(국가)의 獨立(독립)을 잃지 않기로 하늘에 기도하고, 同胞(동포)들에

---

23 위에 언급한 길선주의 글과 주일학교 교본 서문을 함께 새길 것.
24 『大韓每日申報』, 1908년 3월 12일.

게 勸誘(권유)하고 있는 것이다. 그런즉, 이것은 대한의 독립에 있어서 근본바탕이 된다. (……) 이 信徒(신도)의 效力(효력)이 몇 년 안가서 볼만한 것으로 나타나리라고 믿는다.25

이 부흥운동에 앞장 선 길선주의 삶과 행동을 살피어도 대부흥운동을 비사회화니 비정치화의 종교행사로 치부할 수가 없다.26

1869년 가난한 집안에 태어난 길선주는 기독교로 개종하여 1902년 교회의 장로가 되었고, 1907년에는 평양장로교신학교를 졸업, 목사가 되었다. 이때 전국적으로 번지기 시작한 대부흥운동에 그는 설교자로서 이름을 얻게 되었고, 1935년 죽을 때까지 조선교회의 지도자로서 존경을 받았다. '종말'을 이야기하고 '재림'을 가르치는 등 당대 최대의 내세주의자로 지목되어온 길선주는 안창호와 더불어 독립협회 평양지부를 결성하는데 앞장서는 등 사회 개혁운동에 적극적이었다.27 그의 맏아들인 길진형도 사회, 정치운동에 깊게 관계하였고, 이른바 105인 사건으로 구속되어 고문당한 끝에 목숨을 잃었다.28 사랑하는 아들을

---

25 「大韓每日申報」, 1905년 12월 1일. 또한 같은 신문 1910년 1월 16일 논설도 읽을 것.
26 길선주의 삶에 대해서는 여러 글들이 있으나 다음 글들을 볼 것. 길진경, 『靈溪 吉善宙』(서울: 종로서적, 1980)와 金麟瑞, 「靈溪先生 小傳」『信仰生活』, 1권 12호(1932년 12월), 26~31쪽, 2권 1호(1933년 1월), 24~28쪽, 그리고 2권 2호(1933년 2월), 26~30쪽을 볼 것. 김인서의 이 글은 『金麟瑞著作全集』(서울: 信望愛社, 1974), 42~86쪽에도 실려 있다.
27 길진경과 김인서의 윗글들을 볼 것.
28 길진경, 윗글, 204~241쪽을 볼 것.

잃은 길선주가 1919년 3·1운동 때 독립선언서에 서명한 33인 가운데 한 명이라는 것은 너무도 잘 알려져 있다.

여운형, 김규식을 비롯한 '105인 사건' 이후 중국에 망명한 조선 지도자들의 조직인 신한청년단은 제1차 세계대전 후의 국제 정세를 보고 전국적 대중시위를 벌여 조선 민족의 독립 열망을 세계에 알리고자 계획했다. 이것이 1919년 3·1운동이 되었는데, 이 신한청년단은 국내 최대 조직공동체인 기독교의 적극적인 참여가 성공적 거사에 필수적이라 인식하고 기독교인인 선우혁, 서병호 등의 공작원을 비밀리 국내로 파송하였다. 이를테면, 선우혁은 평양의 길선주를 만나 전국에 깔린 교회 조직을 통해 대중시위를 주도할 것, 이를 위해 각지의 교회 지도자들을 설득해 줄 것, 이 운동에 앞장서 줄 것을 권유하자, 길선주는 선뜻 이를 받아들이고 행동으로 옮기었다. 길선주는 이승훈을 비롯한 이 지방 다른 기독교계 인사들을 소개해 주기도 하였다. 그의 아들 길진경의 증언에 의하면, 교회 지도자들과 젊은이들이 교회 일을 빙자하여 교회 조직을 통해서 서로 연락하고 연대하였던 것이다.29 민족대표 33인 가운데 하나가 된 길선주는 3·1운동 후 체포되어 갖은 고초를 당했음은 물론이다.30 이처럼 길선주는 예수를 믿고 난 후 교회 안팎에서 벌어지는 구한말, 일제강점 초기의 사회, 정치운동을 외

---

29 윗글, 269~273쪽을 볼 것.
30 윗글, 273~283쪽. 3·1운동 공판에 관한 「東亞日報」 기사, 조선총독부 재판소의 공판기록을 우리는 쉽게 접할 수 있다. 윗글, 부록 4와 5, 351~361쪽을 볼 것.

면하지 않고 깊이 관여하였고, 목사가 되어 부흥운동을 통해 전국적인 교회 지도자로 떠올랐을 때에는 민족의 현실을 도외시하지 않고 민족의 요청을 거절하지 않았으며[31] 고난한 '정치목사'의 길을 걸었다.

내세 지향적 신학을 소유했다는 길선주는 고통스런 역사 현장에 서서 적극적으로 민족의 아픔을 온몸으로 품었던 것이다. 그러므로 우리는 종교적 현실도피주의자인 듯한 길선주를 비롯한 구한말, 일제강점 초기 부흥운동기의 교회 지도자들과 그들의 신학을 그들의 사회, 정치 행동과 따로 떼어 인식하거나,[32] 부흥운동을 '탈정치화'니 '탈사회화'의 현상으로 간단히 취급하지 말아야 할 것이다.[33]

넷. 해방의 염원을 표출한 종말론적 내세주의 신학

우리는 대부흥운동의 신학이 얼마나 보수적인가 진보적인가 묻는다던지, 대부흥운동에서 나온 언어와 상징이 얼마나 사회적(그리고 정치적)

---

[31] 우리가 익히 알고 있듯이, 진보적 기독교 지도자인 윤치호는 참여 요청을 받았으나 거절하였음을 여기에 특기해 둔다.
[32] 길선주의 사상(신학)이나 행위를 논의할 때 흔히 둘을 떼어서 사상은 '복음주의'나 '내세적'이었는데 행동은 사회 참여적이었다고 서술하고 있다. 金亨錫, 「東方의 예루살렘 宣川을 일군 梁甸佰」, 韓國敎會 人物史 시리즈 8, 「韓國基督公報」 1993년 4월 17일자를 볼 것. 그러나 이 둘을 이어서 보아야 길선주나 당시 부흥운동 주역들의 사상과 행동 사이의 교섭 구조의 꼴과 결을 이해할 수가 있다.
[33] 이만열, 윗글, 246~253쪽을 볼 것.

이고 내세적인가 묻는 도식적 인식 태도를 버려야 한다. 또는 길선주를 비롯한 대부흥운동기의 교회 지도자들이 '사회'니 '정치'니, '개혁'이니 '투쟁'이니, '민족'이니 '해방'이니 '독립'이니 하는 말을 얼마나 사용했는지를 찾아서 이들이 사회적이었다느니 비사회적이었다느니 주장한다. 이처럼 문자로 된 역사자료에 매몰되는 인식 태도도 버려야 한다. 오히려 이들의 '내세적' 언어와 상징이 구한말, 일제강점통치 초기를 살아간 조선 크리스천들에게 어떤 의미를 주었고, 또한 그들의 사회, 정치 행동에 어떻게 작용했는가를 질문하여야 할 것이다.

다시 말하면, 부흥운동기의 교회 지도자들이 지녔던 종말론적 내세주의 신학을 그들이 펼친 반일 정치 행동과 떼어서 보지 말고 이어서 인식하자는 것이다. 그들의 신학을 문자적으로 읽어서 부흥운동을 현실 도피적이었다고 보아서도 안 되고, 그들의 반일 정치 행동을 그들의 신앙 구조와 분리해서 논의해도 안 된다는 말이다. 오히려 일제강점기를 살아간 사람들에게, 그래서 광복을 목타게 그리워했을 이들에게 당시 부흥운동의 언어와 상징은 삶의 새로운 의미와 새 소망을 주었다는 사실에 주목해야 한다. 부흥운동기 조선 교회의 언어와 상징이 조선 크리스천들의 반일 해방의식을 종교적으로 승화시켰음을 간과하지 말자는 것이다. 그들이 가졌던 종말론적 내세주의 신학은 그들이 목메어 바라던 일제강점통치에서 해방하는 염원을 표출한 것으로 인식해야 한다. 그래서 사상(신학)과 행동 사이의 복잡한 교섭현상을 문자적으로 또는 단선적으로 읽지 말고 그 사상, 행동의 주인공들이 처한 역사, 구조적 상황을 이어서 인식하려는 사상의 사회사적 시각을 가지고 논의해야 한다.

이런 시각에서 볼 때 일제강점기 초기의 암울한 역사적 상황에서 일어난 대부흥운동, 그 종말론적 내세주의 신학은 현실도피를 종교적으로 부추긴 신학 사조가 아니라 고통의 역사 현장에서 조선 크리스천들에게 삶에 대한 새 의미를 주고 희망의 새 세상, 해방을 고대하게 해 준 하나의 '소망의 신학 a theology of hope'으로 기능하였다고 보는 것이다.34 부흥운동 신학의 텍스트를 읽어도 그렇고 그 콘텍스트를 읽어도 그렇다.

---

34 나의 영문 저서, *Protestantism and Politics in Korea*, 60~66쪽, 특히 65쪽을 볼 것.

제5강

일제강점기의 기독교와 민족운동 : 그 물림과 엇물림의 사회사

제5강. 일제강점기의 기독교와 민족운동: 그 물림과 엇물림의 사회사

하나. 보편적 종교와 특수주의인 민족주의의 결연과 융합

우리 역사학계에서는 기독교와 민족운동을 이어보려는 노력에 인색하다. 초월적 보편주의를 지향하는 기독교와 특수한 우리의 민족운동 사이에 있을 수도 있는 이념적, 조직적 이음새를 아예 보려고 하지 않는다. 우리 민족운동사에 숱하게 등장하는 기독교인들을 보면서도 말이다. 한국의 역사학자들은 기독교인들이 그들의 신념체계와는 관계없이 조선 사람으로서 민족운동에 참여한 것으로 간단하게 취급한다. 기독교라는 보편종교와 민족주의라는 특수주의가 서로 이어질 수 없다는 하나의 도식적 역사인식을 가지고 있기 때문이다. 이러한 몰역사적

---

* 이 강좌 후 이를 수정 보완한 글을 다음 학술지에 발표하였다. 박정신, 「일제 식민시대 기독교와 민족운동 - 그 물림과 엇물림의 사회사」, 『인문학연구』, 37집 (숭실대학교 인문과학연구소, 2007), 5~25쪽.

시각으로는 우리 역사의 특수한 마당에서 우리 민족과 기독교가 뒤엉켜 씨름하면서 엮어 놓은 그 '특수한 역사'를 읽어낼 수가 없다.1

물론 우리는 보편주의적 종교의 신념을 가지고 특수주의적 민족주의에 대항한 여러 역사적 사실을 지나치지 않는다.2 기독교 목사 본훼퍼 Dietrich Bonhoeffer가 나치 독일의 인종주의적 민족주의와 치열하게 맞선 신념이 바로 보편적 종교인 기독교의 가르침과 이어져 있다.3

일본제국이 천황숭배를 골간으로 하는 국가·민족주의를 내세울 때 무교회 無敎會 운동으로 유명한 우찌무라 간조 內村鑑三는 이를 온 몸으로 거부하였다. 이른바 1891년에 일어난 그의 '불경사건'은 초월적이고 그래서 보편적인 기독교신앙에서 나온 그의 신념과 이어져 있다.4

우리가 익히 알고 있는 일제강점기 말 일제가 우리 민족에게 강요

---

1 나의 글, 「기독교와 한국역사 - 그 만남, 물림, 그리고 엇물림의 사회사」, 유동식(들), 『기독교와 한국역사』(서울: 연세대학교 출판부, 1996), 161~214쪽을 볼 것. 이 글은 나의 논문집, 『근대한국과 기독교』(서울: 민영사, 1997), 181~235쪽에도 실려 있음. 그리고 나의 영문 저서, *Protestantism and Politics in Korea* (Seattle and London: University of Washington Press, 2003), 첫째와 넷째 마당도 볼 것.
2 윗글, 서론을 읽을 것.
3 나는 아래 글에 크게 기대었다. Kenneth M. Wells, *New God, New Nation: Protestants and Self-Reconstruction Nationalism in Korea, 1896~1937* (Honolulu: University of Hawaii Press, 1990), 서론을 볼 것. 웰스에 대한 나의 비판을 보기 위해서는 *Korean Studies*, 17집(1993), 157~160쪽에 실린 나의 서평과 「K. Wells, 새 하나님, 새 민족: 한국 기독교와 자기 개조 민족주의, 1896~1937」, 『해외한국학평론』 창간호(2000), 247~266쪽을 볼 것.
4 우찌무라 간조의 지성 구조에 대한 상세한 논의는 박영신, 「일본사회의 구조와 지성인: 우찌무라 간조의 지성구조」, 박영신/박정신(옮김). 『근대일본의 사회사』(Kennth B. Pyle, *The Making of Modern Japan*을 옮김)의 덧붙인 글 II, 259~310쪽을 볼 것.

한 신사참배를 보아도 그렇다. 이른바 전쟁동원기에 우리 민족을 전쟁에 동원하려고 '내선일체'니 '동근동족'이니 하며 그들의 신사에 강제로 참배케 할 때 일단의 기독교인들은 우상숭배라고 하며 한사코 참배하기를 거부, 숱한 고초를 당했다.5 바로 이들이 일제의 국가주의에 분연히 일어날 수 있었던 것은 그들의 보편적 종교, 기독교 신앙 때문이었다. 이처럼 민족 또는 국가주의와 보편적 종교와는 서로 엉킬 수 없다는 주장을 뒷받침할 많은 역사적 사건과 사실이 있다.

그럼에도 불구하고 우리는 이러한 시각과 결론을 모든 경우에 도식적으로 적용하려는 태도를 경계해야 한다. 보편적 종교와 특수주의인 민족주의 또는 국가주의가 서로 '결연'하거나 '융합'된 경우도 인류 역사에 숱하게 있기 때문이다. 이를테면, 중동의 역사를 읽으면 이슬람이라는 종교와 아랍민족주의가 어우러진 이슬람민족주의가 있고, 폴란드에는 가톨릭과 민족주의가 이어져 저항한 솔리더리티 solidarity 운동으로 나타난 경우도 있으며, 신부 아글리페이 Gregorio Aglipay를 따르는 필리핀 독립교회 아글리파얀 Aglipayan과 필리핀 민족주의와 얽힌 역사도 우리는 읽는다. 이처럼 종교와 민족주의가 공동의 목적을 가질 수 있는 역사적 상황에서는 둘은 결연하거나 융합되었던 것이다. 식민지 상황이 그러하고 정치적 억압이 있을 때가 그러한 경우다.6

---

5 상세한 것은 김승태 엮음, 『한국기독교와 신사참배문제』(서울: 한국기독교역사연구소, 1991)와 김승태 엮음, 『신사참배거부항쟁자들의 증언』(서울: 다산글방, 1993), 그리고 김남식, 『신사참배와 한국교회』(서울: 새순출판사, 1992)를 볼 것.
6 Wells, 윗글, 서론, 특히 2~5쪽을 볼 것.

그러한 경우라 하더라도 종교와 민족주의가 식민세력이나 정치적 압제세력과 공동의 '적'에 맞서 싸우는 이유나 동기가 다를 수 있고, 이 과정에서 둘이 취하는 방법과 수단이 다를 수 있다. 그래서 보편적 종교와 특수주의적 민족주의가 결연하거나 융합되었을 경우라도 둘 사이에는 항상 긴장이 있게 된다. 보편적 종교의 가르침과 특수한 지역이나 나라에 사는 이들이 종교공동체에 대한 기대 사이에 거리가 있을 수 있다는 말이다.7 그렇기 때문에 종교적 민족주의자들의 행동, 동기, 그리고 수단이나 방법이 비종교적 민족주의자들의 것과 다를 수 있다는 것이다. 그러나 이러한 차이 때문에 그들을 비민족적이라든가 반민족적이라고 규정하지 않는다. 그러기에 역사에는 정치적 민족주의가 있는가 하면 문화적 민족주의도 있고, 경제적 민족주의가 있는가 하면 종교적 또는 윤리적 민족주의도 있다. 국수주의적 민족주의도 있고 자기 성찰적 민족주의도 있다.8 그래서 한국민족주의를 연구하는 로빈슨 Michael Robinson도 "민족주의란 아주 넓고 포괄적 개념"이라고 하였다.9 이러한 열린 시각과 포괄적 인식태도를 가질 때 우리의 민족

---

7 윗글, 5~8쪽.
8 우리의 민족주의 논의에 있어서 유연하고 열린 시각이 필요하다는 논지를 보기 위해서는 나의 글, 「실력양성론 - 이념적 학대를 넘어서」, 『한국사 시민강좌』, 25집(1999년 8월), 41~66쪽을 볼 것. 이 글은 나의 논문집, 『한국 기독교사 인식』(서울: 혜안, 2004), 95~124쪽에도 실려 있다.
9 Michael Edson Robinson, *Cultural Nationalism in Colonial Korea, 1920~1925* (Seattle and London: University of Washington Press, 1988), 8~13쪽, 특히 8쪽에서 따와 옮김.

운동 또는 민족주의의 다양함을 읽을 수 있다. 그래서 이 글에서 나는 우리 학계가 보지 못한 또는 보지 않으려는 기독교와 우리 민족주의 사이의 이음새의 꼴과 결을 살피려고 한다.

앞 강좌에 이어 우리는 이러한 논의를 위해서 일제강점시대 기독교 연구에서 또 하나의 중요한 역사현상―3·1운동 후 기독교와 우리 민족운동과의 엇물림의 현상―을 살피고 그 엇물림의 원인을 논의하고자 한다. 왜 민족운동의 맨 앞자리에 있던 기독교공동체가 3·1운동 후 이른바 '문화정치' 시대에 민족주의 운동과 거리를 두게 되었는지를 우리는 사회사적 시각에서 다루어 볼 것이다. 특히 기독교 지도자들이 이러한 변화된 정치행보를 할 때 그들이 가지고 있던 기독교의 언어와 상징으로 어떻게 자기들의 입장과 행동을 정당화했는지도 살피면서 말이다.10

둘. 3·1운동과 기독교공동체

우리는 이미 일제강점 초기에 기독교는 나라를 잃어 슬퍼하고 낙담하는 조선 사람들에게 소망을 주는 공동체로, 조선 사람들의 종교로 급성장하였고, 그리고 지속적으로 성장해 가는 기독교공동체에 이념

---

10 이 부분은 전적으로 나의 영문 저서, *Protestantism and Politics in Korea*에 기대었다. 특히 둘째와 넷째 마당을 읽을 것.

적, 조직적으로 기댄 조선 사람들의 민족운동이 끊임없이 일어나고 있었음을 보았다. 그래서 일제 당국은 이 기독교공동체를 반일운동의 '소굴'로 간주하고 기독교와 조선 민족운동세력과의 이음새를 잘라내려고 '105인사건'을 획책했다는 것도 우리는 보았다.

하지만 기독교와 반일 독립운동 세력이 서로 깊게 물려있었다는 사실이 1919년 3·1운동에서 더욱 뚜렷이 나타난다. 널리 알려진 대로, 독립선언서에 서명한 이른바 33인의 민족 대표 가운데 16명이 목사, 장로를 포함한 기독교계 사람들이었고, 체포된 주동자들의 22퍼센트인 1,719명이 기독교공동체에 속한 이들이었다. 체포된 장로파 소속 신도들과 지도자들만도 무려 3,804명이나 된다.11 이런 통계만 보아도 이 종교공동체가 독립운동과의 이음새 정도를 쉽게 포착할 수 있다.

사회, 정치 조직과 활동이 금지된 암흑기에 교회, 교회계통 학교, 교회관련 기관이라는 조직과 연락망이 없었더라면, 그리고 사회, 정치적 지도자들이 적었던 당시에 종교적 지도자라도 없었더라면, 3·1운동의 내용과 규모는 실제로 나타난 것과는 크게 달랐을 것이다.12 이러한 상황에서 종교 지도자들이 민족의 지도자로 떠오르게 되었고 그

---

11 이러한 통계들은 國史編纂委員會 엮음, 『日帝下 韓國三十年史』(서울: 탐구당, 1969), 第 四卷, 905~908쪽과 金良善, 「三·一 運動과 基督敎」, 高在旭(엮음), 『三·一 運動50周年紀念論集』(서울: 동아일보사, 1969), 235~270쪽, 특히 264쪽을 볼 것.
12 서울의 기독교 지도자들은 3·1운동을 위해 각지에 대표를 파견, 지방 운동 상황을 점검하고 지방 지도자들을 격려하기도 하였다. 윗글, 215쪽을 보면, 3·1운동 직전 81명이나 되는 대표를 파견하였다.

역할을 스스로 떠맡아 그들이 갖고 있는 조직망을 이 거사에 동원하였던 것이다. 기독교가 정치집단은 아니지만, 집회·결사·언론의 자유를 송두리째 빼앗긴 일제강점 초기를 살아야 했던 조선 사람들에게는 기독교를 비롯한 종교들이 유일한 조직공동체였다. 그러니까 사람들은 이 종교공동체에, 그리고 그 지도자들에게 심리적으로, 사회적으로, 정치적으로 기대했고 또 기대고 있었던 것이다. 이러한 상황에서 기독교공동체와 민족운동, 독립운동 세력은 깊게 물려 있을 수밖에 없었다.

일제강점기 당시 최대의 반일대중운동이었던 3·1운동을 논의하면서 이를 살펴보자. 다시 말하면, 전국 규모의 대중운동으로서 3·1운동을 엮어낸 중앙지도부의 형성 과정은 어떠했고, 중앙지도부의 지방 시위 세력과의 연락 및 연대는 어떻게 이루어졌으며, 어떤 조직과 연락망을 통하였기에 서울에서 촉발된 시위를 따라 거의 동시에 전국적으로 확산될 수가 있었는가 하는 사회사적 시각을 가지고 말이다.

첫째, 중앙지도부의 형성 및 운동 초기의 지도적 운동원 포섭에 신한청년단의 역할이 우선 눈에 띈다. 이 단체는 여운형, 김규식, 선우혁처럼 신민회사건 여파로 중국으로 망명한 기독교계 인사들이 결성한 독립운동 단체라는 것은 이미 널리 알려져 있다. 국제정세에 밝은 여운형, 김규식 등은 제1차 세계대전 이후 펼쳐지는 국제정세를 읽고, 특히 유럽의 평화적 재편과정에서 나온 윌슨 대통령의 민족자결주의

원칙에 고무되어 조선 민족도 독립의지를 국제사회에 천명할 적절한 시기가 왔다고 인식하게 된다. 신용하에 의하면, 신한청년단은 국제정세를 관찰하고, 또한 조선독립을 위한 국제사회의 지원을 얻기 위해 영어를 잘하는 김규식을 파리에, 그리고 국내 운동을 위해 선우혁, 서병호, 김 철 등을 국내로, 장덕수를 일본으로 비밀리에 파견하였다.13 기독교 신자이며 서북 기독교계와 깊은 관계를 가진 선우혁은 평양을 비롯한 서북지방에, 역시 기독교 신자이며 서울의 기독교계를 잘 아는 서병호는 서울에, 천도교와 밀접한 김 철도 서울에 비밀리에 들어와 각기 맡은 지방의 종교 지도자들을 접촉하였다. 전국적인 대중시위를 위해서는 조직적 토대가 필수적이며, 이를 위해서는 조선 사람들의 유일한 조직공동체인 종교계 지도자들의 선도적 참여가 중요하다고 신한청년단 간부들은 간파하고 있었던 것이다.

  서북지방에 밀파된 선우혁은 당시 조선 교계를 대표하는 길선주 목사, 양전백 목사, 이승훈 장로 등을 만나 국제정세를 설명하고 독립을 위한 전국적 시위운동에 앞장설 것을 설득했고, 이들은 이를 기꺼이 받아들여 이른바 민족대표로 독립선언서에 앞장서 서명하였다. 이후 선우혁은 길선주 목사의 주선으로 앞서 언급한 이승훈을 비롯한 이 지방 기독교계 중견지도자들인 변인서, 김도삼, 도인권, 김동원, 윤원삼

---

13 신용하, 「3.1운동 勃發經緯」, 윤병석/신용하/안병직(엮음), 『韓國近代史論』(서울: 지식산업사, 1977), 38~112쪽, 특히 48~54쪽을 볼 것. 이에 더하여 신용하, 「新韓青年團의 獨立運動」, 『韓國學報』, 12권 3호 (1986년 가을), 94~142쪽도 볼 것.

등을 접촉, 이들의 주도적 참여를 약속 받았다.14 서병호와 김 철도 서울에서 각기 기독교계와 천도교계 인사를 만나 선우혁과 비슷한 활동을 하였다는 것은 반복해서 논의할 필요가 없다.

서북지방 기독교공동체의 대표적 지도자들과 각 지방의 중견 지도자들의 주도적 참여를 받아냈다는 것을 우리는 이들의 개인적 참여 정도로 이해해서는 안 된다. 전국 규모의 대중시위를 위해 중앙지도부를 형성할 대표들의 확보에 더하여 지방지도자, 연락망, 조직, 그리고 시위를 촉발할 대중동원을 확보한 것으로 인식하여야 한다. 바로 이들이 시위를 비밀리에 계획하는 장소, 곧 교회를 가지고 있었고, 각 지방과의 연계를 위한 연락망이 될 조직을 가지고 있었을 뿐만 아니라 시위를 촉발키 위한 인적 동원, 곧 교인들을 동원할 수 있었기 때문이다.15

둘째, 전국적인 대중운동으로서 3·1운동의 역사를 새길 때 장로인 이승훈과 YMCA 간사인 박희도의 역할 또한 지나칠 수 없다. 이른바 민족대표로 나타난 중앙지도부 구성을 위해 천도교를 비롯한 다른 종교 지도자들과 합작하는 과정, 그리고 서울과 서북지방의 기독교 지도

---

14 김양선, 윗글, 240~241쪽을 볼 것. 교회 지도자들과 젊은이들이 교회 일과 행사를 빙자하고 교회조직을 통하여 서로 연락하고 연대한 사실을 살피기 위해서는 길진경, 『靈溪 吉善宙』(서울: 종로서적, 1980), 269~273쪽을 볼 것.
15 오래전에 박영신도 이러한 시각으로 글을 발표한 바 있다. 박영신, 「사회운동으로서의 3·1운동의 구조와 과정 - 사회과학적 역사인식의 기초 작업으로서」, 『현상과 인식』 3권 1호(1979년 봄), 이글은 그의 『변동의 사회학』, 5장에 실려 있다.

자들을 연계, 연합시키는 과정은 이승훈의 역할을 빼고는 설명될 수가 없다. 이른바 암흑기에 조선 사람들, 특히 기독교 지도자들이 삼엄한 감시를 받고 있었음에도 불구하고 이승훈은 종교행사 참석을 구실로 서울과 서북지방 사이를 빈번히 오가며 종교지도자들의 연합전선을 구축하는 한편, 각 지방교회 지도자들을 운동의 주도세력으로 끌어들였다.16

숭실학교를 졸업하고 신학을 공부한 바 있는 박희도는 YMCA로 찾아든 전문학교 학생들과 중학생들을 조직하여 시위를 모색하고 있었다. 연희의 김원벽과 윤하영, 보성의 강기덕과 주 익, 세브란스의 이용설과 김성구 등이 바로 이 그룹에 속해 있었다.17 바로 이 학생들과 청년들이, 그리고 그들의 친구들이 학교에서, 길거리에서, 집집을 돌며 파고다 공원에서 '독립선언'이 있고 이어 시위가 있을 것이라는 운동 계획을 알린, 이를테면 '현장 운동꾼들'이었다. 이들이 바로 고향 등 각지로 가서 시위를 선무하고 주도한 세력이었다. 이들이 중앙 지도부와 대중 사이를 잇지 않았다면 3·1운동은 전국적 대중운동으로 나타나지 못했을 것이다. 박희도 산하의 학생과 청년 그룹을 보기로 들었지만, 당시 각 교회의 학생, 청년들이 모두 이러한 현장 운동꾼들로 활약하였다.

짧게 말해서, 사회, 정치 조직과 활동이 금지된 암흑기에 교회, 교

---

16 김양선, 윗글, 242~251쪽을 볼 것.
17 윗글, 242~245쪽을 볼 것.

회계통 학교, 교회관련 기관이라는 조직과 연락망이 없었더라면, 그리고 사회, 정치 지도자들이 없었던 당시에 종교 지도자라도 없었더라면 3·1운동의 내용과 규모는 실제로 나타난 것과는 크게 달랐을 것이다.18 이러한 상황에서 종교 지도자들이 민족의 지도자로 떠오르게 되었고, 그들은 그 역할을 스스로 떠맡아 그들이 갖고 있던 조직망을 이 거사에 동원하였던 것이다. 기독교가 정치집단은 아니지만, 집회·결사·언론의 자유를 송두리째 빼앗긴 일제강점 초기를 살아야 했던 조선 사람들에게 기독교를 비롯한 종교들은 유일한 조직 공동체였다. 그러니까 이들은 이 종교공동체와 그 지도자들에게 심리적, 사회적, 그리고 정치적으로 기대했고 또 기대고 있었던 것이다. 이러한 상황에서 기독교공동체와 민족운동, 독립운동 세력은 깊게 물려 있을 수밖에 없었다.

셋. 1920년대 이후 기독교와 민족운동 세력의 엇물림

3·1운동은 조선 민족이 열망하던 독립을 즉각 가져다주지 못했고 오히려 일제강점통치 세력의 참혹한 탄압을 불러왔다. 그러니까 3·1운동 후 조선 사람들은 실망, 좌절, 낙담의 늪에 빠지게 되었다. 잡지

---

18 위의 달음 12)를 볼 것.

『폐허』의 시인 오상순은 3·1운동 후의 조선을 "황량한 폐허", 그리고 그 시대를 "비통한 번민의 시대"라고 했다. 이 당시 조선은 "죽음이 지배하는 것 같다"고 했다.19 독립을 갈망하여 피 끓는 가슴으로 온 몸을 던졌던 3·1만세운동이 좌절되자 조선 사람들은 조선을 암흑과 사망이 깃드는 '폐허'처럼 생각하였다. 모두들 민족이나 독립은 이야기 하기 꺼렸고 안으로 움츠러들어 자기만을 생각하는 사람들이 되었다.20

그러나 조선 사람들은 이 좌절, 실망, 낙담으로 가득 찬 '폐허' 위에도 희망의 씨를 뿌리고 소망의 나무를 심어 갔다. "새 시대가 왔다. 새 사람의 부르짖음이 일어난다. 들어라 여기에 한 부르짖음이 저기에 한 부르짖음이 일어나지 않았는가? (……) 폐허에 새싹을 심어서 새 꽃을 피우게 하자"고 서로 권유하고 나섰다.21 사람들은 좌절, 낙담, 실망의 늪을 빠져나와 폐허 여기저기 새싹을 심어서 새 꽃을 피우려 나섰다.

3·1운동 이후 조선의 민족독립운동은 이전과는 판이한 성격을 지닌다. 3·1운동 후 일제강점통치 세력은 '문화정치'라는 깃대를 세우고 조선 사람들에게 제한적이나마 집회·결사·언론의 자유를 허용하는

---

19 오상순,「時代苦와 그 희생」,『廢墟』1권 1호(1920년 7월), 21~24쪽을 따 왔다.
20 이광수,『再生』, 146~193쪽을 볼 것. 이 소설은 1924년부터 1925년까지「東亞日報」에 발표하여 널리 읽혀졌다.
21 동인,「상여」,『廢墟』, 1권 1호(1920년 7월), 121~129쪽, 특히 122~123쪽을 볼 것.

'계산된 정책 전환'을 하게 되었다. 이렇게 되자 이전에 종교의 보호벽이 필요하여 기독교를 비롯한 종교공동체 안에 들어와 활동하던 독립운동 세력들은 3·1운동 후 '문화정치'라는 강점통치 정책을 이용하면서 종교공동체 울타리 밖으로 나가 사회, 정치 단체를 만들어 활동하기 시작하였다. 무단통치기에 종교의 울타리 안에 갇혀 충분히 발산치 못한 사회, 정치 활동의 욕구가 한꺼번에 터져 나오듯 1922년만 하더라도 3천 개가 넘는 사회, 정치 단체가 생겨날 정도였다.22 또한「동아일보」, 「조선일보」가 세상에 나오고 『개벽』, 『폐허』, 『동광』, 『신생활』과 같은 잡지들이 발간되었다. 이러한 단체와 신문, 잡지를 통하여 사회주의를 포함한 여러 사상, 주의들이 소개되고 사회주의 운동을 비롯한 여러 이념, 정치 운동이 펼쳐졌다. 그야말로 '새 시대'가 온 것이다. 어떤 역사학자는 이때를 '민족운동의 르네상스'라고 하는가 하면23 다른 역사학자는 '민족운동의 여명기'라고 일컫기도 한다.24

그러나 3·1운동 이후의 조선 독립운동은 이념적, 조직적으로 나누어져 있었다. 수많은 작은 집단들이 각기 다른 이념적 목소리를 내면서 운동의 다양화 현상을 보여주었으나 상해 임시정부를 포함해서 어느 누구도, 어느 집단도 조직적, 이념적으로 소집단화 된 독립 운동의

---

22 朝鮮總督府 總務局, 『朝鮮治安狀況』, 1922년 76쪽.
23 Michael Robinson, *Cultural Nationalism in Colonial Korea, 1920~1925* (Seattle and London: University of Washington Press, 1988), 48쪽.
24 金俊燁·金昌順, 『韓國共産主義運動史』(서울: 청계연구소, 1986) 2권, 100쪽.

여러 세력들을 조정하고 통합하지 못하였다. 이념적으로 오른편에는 문화적 민족주의 그룹이 있는가 하면 왼편에는 공산주의 세력이 있었다. 전략적으로는 외교 노선이 있는가 하면 무장 투쟁 노선도 있었다. 3·1운동 이후 해방까지 조선의 민족독립운동은 이념적, 조직적, 그리고 전략적으로 분열되어 있었다. 이 역사는 해방 후 오늘에까지 이어지고 있다.

3·1운동 이전까지 개혁정치와 독립운동 전선의 맨 앞줄에 서 있던 기독교공동체는 바로 이 시기에 어떤 자리에서 어떤 역할을 하고 있었는가? 3·1운동 이후의 역사를 한번 훑어보면 기독교는 '순수 종교화' 작업에 열중하고 교회의 '비정치화'에 몰두하면서 민족공동체의 여러 문제를 외면하고 있었음을 쉽사리 읽게 된다. 물론, 기독교에 속한 인물들이 모두 민족 문제에 등을 돌렸다는 말은 아니다. 전도사였던 여운형, YMCA 간사였던 박희도, YMCA의 이대위 등이 사회주의나 공산주의를 소개하며 새로운 민족운동의 이념이나 방략을 계속 찾고 있었으며, 김규식, 이승만, 안창호 등도 교육, 외교를 통하여 독립을 쟁취하고자 계속 노력하고 있었다. 1930년대 말에 전개된 신사참배 거부운동도 있었다. 심지어는 사회주의를 일찍 받아들이고 소개한 이들도 다 기독교 지성들이었고, 사회주의나 공산주의 운동을 먼저 펼친 이들도 다 기독교계 민족주의자들이었다. 이동휘, 여운형, 박용만, 한위건, 김원벽, 박희도, 이대위, 유경상 등이 고려공산당이나 조선공산당을 조직한 이들이거나 『신생활』, 『청년』이라는 잡지를 통해 사회주

의를 소개한 이들이다.25

　YMCA 간사였던 박희도, 목사 김병조, 강 매 등은 『신생활』이라는 잡지를 통해 사회주의를 국내에 소개하였다. 이 잡지의 허가 과정과 운영에 연희전문에 와 있던 선교사 언더우드 Horace G. Underwood와 벡커 Arthur L. Becker가 깊이 관여하고 있음도 흥미롭다.26 그러나 YMCA 기관지 『청년』을 통해 나온 이대위나 유경상, 김원벽 등의 글은 사회주의 사상이 인기를 더해 가던 당시 기독교 지성들이 지녔던 생각을 들여다 볼 수 있는 귀한 자료들이다. 이대위는 「사회주의와 기독교의 귀착점이 어떠한가?」라는 글에서 다음과 같이 주장한다.

　　기독교는 본래 일종의 사회 운동이니 그것은 기독 자신부터 사회증구자(社會拯救者)인 때문이다. 재언하면 압박을 받는 평민 계급의 증구자이라 하겠고 맑스와 엥겔스 양씨가 공산당 선언 당시에 중인에게 분명히 공포한 것이 있으니 그것은 사회주의는 일종의 평민 운동(Proletarian movement)이라고 하였으니 역사상으로 보건대 이 양자는 다 평민 운동자임이 분명하다.27

25　김흥수 엮음, 『일제하 한국기독교와 사회주의』(서울: 한국기독교역사연구소, 1992)를 참고할 것.
26　윤춘병, 『한국기독교 신문·잡지백년사 1885~1985』(서울: 대한기독교서회, 1984), 56~57쪽 및 69쪽을 볼 것. 또한 『신생활』 창간호, 69~70쪽에 실렸던 '조직란'도 볼 것.
27　李大偉, 「社會主義와 基督敎의 歸着点이 엇더한가」, 『청년』 3권 8호(1923년 9월)에 나누어 실려 있다. 따움은 8호에 실린 첫 부분으로서, 읽기 쉽게 조금 수정하였다. 9쪽에서 따 왔다.

「사회혁명의 예수」라는 글도 쓴 바 있는 이대위는 기독교와 사회주의를 반대되는 종교나 주의로 여기지 않고 있었다.28 같은 잡지에 「사회주의자 예수」를 실은 유경상도 "예수는 상당한 사회주의자"라고 말하고 "건실한 사회주의자가 되려면 예수를 중심"으로 한다고 주장한 바 있다.29 다시 이대위의 글 「사회주의와 기독교사상」을 따와 보자.

> 오인(吾人)이 불만, 불평한 세계를 부인하고 오인이 동경하는 무슨 신세계를 조성코자 함에는 기독교 사상과 사회주의가 상동하다고 사유한다. (……) 이 양자는 현 사회 정서(程序)의 제반 폐해를 생각할 뿐만 아니라 또 이를 개조하기로 목적하는 자이기 때문이다. 양자가 아직도 그들의 정신을 전 세계에 표현치 못하였으나 여하간 이들은 국제성을 가지고 자유, 박애, 평등의 이상을 실현코저 함이라. (……) 오인이 이상히 여길 바는 이 양자가 안으로는 동일의 목적을 품고 있고 외형으로는 절대의 반목시하는 것은 참으로 가소할 일이다.30

이대위 등 당시 기독교 지성들은 몰려오는 사회주의 사상이나 운동을 적대시하지 않고 오히려 기독교와의 연계, 연대를 시도하고 있었

---

28 李大偉,「사회혁명의 예수」,『青年』8권 5호(1928년 6월), 17~19쪽.
29 劉敬相,「사회주의자 예수」,『青年』3권 7호(1923년 7~8월), 32~37쪽, 특히 32쪽을 볼 것.
30 李大偉,「사회주의와 基督敎思想」,『青年』3권 5호(1923년 5월), 9~15쪽, 특히 9쪽을 볼 것. 역시 읽기 쉽게 어귀를 조금 바꿨다.

다. 그래서 이대위는 "최대의 운동과 최고의 이상이 될 만한 것이 (조선에) 두 가지가 있다. 하나는 기독교 이상이요 또 하나는 사회주의의 실행이다. 그러나 한 가지 이상한 것은 금일의 기독교가 엇지하여 사회주의를 도외시하며 사회주의자는 엇지하여 기독교를 비상시하는가"라고31 양쪽의 닫힌 가슴을 애타게 두드렸다. '사회주의는 기독화'를, '기독교는 사회화'하여 서로 '악수'하며 조선이 처한 여러 문제를 함께 풀어 나가야 한다고 역설하기도 했다.32 1920년대 기독교 지성인들은 사회주의 사상이나 그 운동조차 열린 가슴으로 다가가고 있었다.

그러나 3·1운동 이후의 기독교는 이전과는 달리 민족공동체의 사회, 정치적 문제를 외면하기 시작했다. 교회는 이 세상 문제를 논의하는 곳이 아니라 '저 세상'을 바라다보는 곳이 되어 갔다.33 비교적 진보적인 목사 송창근조차도 교회와 사회, 정치 문제를 떼어 놓고자 했다. 그는 "교회는 결코 사회 문제, 노동 문제, 평화 문제, 국제 문제를 말하거나 혹은 사람들의 변변치 않은 지식이나 주서 모은 사상을 논하는 곳이 아니외다. 복음, 즉 예수 그리스도의 복음, 중생의 복음이 우리 교회의 중심"이라고 했다.34 이 글의 내용이 문제가 아니다. 3·1

---

31 李大偉, 「社會主義와 基督教의 歸着点이 엇더한가」, 첫 부분 8쪽.
32 윗글, 둘째 부분 12쪽.
33 사회주의 세력의 기독교 배척 운동에 대해서는 金權汀, 「日帝下 社會主義者들의 反基督教運動」(숭실대학교 사학과 석사학위 논문, 1995)을 볼 것.
34 송창근, 「오늘 朝鮮教會의 使命」, 주태익(엮음), 『만우 송창근』(서울: 만우 송창근 선생 기념사업회, 1978), 153~160쪽에 실린 이 글은 1933년에 『神學指南』에 처음으로 실렸다. 따옴은 『만우 송창근』의 153쪽.

운동 이전에는 교회 지도자들이 민족의 사회, 정치 문제에 앞서기를 꺼리지 않았고 또한 개혁과 독립운동을 위해 교회 조직과 활동을 활용하기를 주저하지 않았던 것과 너무나 다른 입장을 우리는 여기서 느낄 수 있다. 이른바 기독교와 독립운동 세력 사이에 엇물림의 조짐이 나타나기 시작한 것이다. 『信仰生活 신앙생활』을 내고 있던 김인서는 더 노골적이다.

> 조선의 교직자도 대답하라 (……) 민족 사업을 위하여 예수를 따르냐? 그러면 물러갈 날이 있을 것이다. 민족을 더 사랑하는 자도 예수에게 합당치 아니하다. 사회개량을 위하여서 예수를 따르는가? 그러면 물러갈 날이 있으리라. 교회보다 사회를 더 사랑하는 자도 주에게 합당치 아니하다.35

3·1운동 이전까지 기독교가 '여기, 그리고 지금'의 문제에 깊이 관여한 역사를 우리는 앞에서 살폈다. 3·1운동 이후 기독교계 지성과 민족주의자들이 개인적으로 여러 사회, 정치 운동에 참여, 주도적 역할을 하였지만, 기독교는 더 이상 이들과 이념적, 조직적으로 이어지지도 않았고 잇고자 하지도 않았다. 그렇다면 기독교공동체와 민족독립운동과의 관계에 나타난 이러한 변화의 원인은 무엇인가?36

---

35 김인서, 「너희도 또한 가고저 하느냐」, 『信印生活』 1권 7호(1932년 7월), 7~20쪽, 특히 9쪽을 볼 것. 그의 글, 「조선교회의 새 동향」, 『信印生活』, 1권 10호(1932년 10월), 4~6쪽도 함께 볼 것.
36 다음 논의는 나의 박사학위 논문과 나의 글, 「1920년대 改新敎 指導와 民族主義

우리는 앞서 지적한 '변화된 환경'을 이야기할 수 있다. 3·1운동이라는 조선 민족의 거족적 대중시위가 일어나자 일제는 일단 무력으로 진압한 후 정책 전환을 하게 된다. 세계 강국으로서 국제사회에 실추된 모습을 바꾸기 위하여, 또한 분노하는 조선 민족을 달래려는 여러 목적의 계산된 정책 전환을 하게 된다. '문화정치'라는 이름으로 제한적이지만 조선 민족에게 집회·결사·언론의 자유를 허용하였다. 조선 민족의 독립운동 세력은 '변화된 환경'을 맞은 셈이다. 이전에는 종교의 보호벽이 필요했고 그래서 기독교 등 종교공동체에 기대어 독립운동을 펼쳤으나 이제는 종교의 울타리 밖에서도 사회, 정치 단체를 조직하고 신문, 잡지를 발행할 수 있게 되었다. 앞서 말했지만 1920년대 초기에 3천여 개나 되는 사회, 정치 단체들이 조직되었고, 수많은 신문, 잡지들이 세상에 나오게 되었다. 이러한 단체들이 이전에 기독교 등 종교공동체가 담당하였던 정치, 사회적 사업과 역할을 하게 되었다. 따라서 기독교의 사회, 정치적 역할은 그만큼 줄어들게 되었고 더 이상 사람들이 이념적, 조직적으로 기대지 않아도 되는 상황이 전개된 셈이다.

그러나 오로지 3·1운동 이후의 역사적 환경이나 구조의 변화에만 기대어서 기독교가 민족독립운동 전선에서 뒷전으로 물러선 역사를 인식하지 말아야 한다. 개혁이다 독립이다 하는 사회적, 정치적 기대

運動-그 만남과 결별의 사회사」에 터함.

를 가지고 교회에 들어와 개혁운동을 하고 독립운동을 펼치던 이들이 왜 3·1운동 후에 기독교를 떠나 단체를 만들고 활동하였을까? 또한 이전에 개혁적 세력이나 독립 운동가들을 껴안고 있던 기독교가 3·1운동 후에는 왜 그들을 저버렸는가를 우리는 따져야 한다. 3·1운동 후 기독교와 민족운동 세력 사이에 엇물림의 조짐이 있을 때 기독교가 이전과는 달리 혹독한 비판의 표적이 되고 있었다는 사실을 눈여겨볼 필요가 있다. 그리고 그 비판에 터하여 이 엇물림의 역사를 설명하여야 할 것이다.

이전에 조선 민족의 최대 조직공동체로 떠오른 기독교가 '종교의 이름으로' 사회, 정치적으로 큰 공헌을 해 왔고 또한 머지않아 '조선 독립의 어머니'가 될 것이라고 생각하던 당시의 큰 정서에 공감했던 김산(장지락)은 3·1운동 후에는 이 종교를 날카롭게 비판하고 나섰다.

> 이 대사태 (3·1운동 - 글쓴이 달음) 이후 내 신앙은 산산조각이 났다. 나는 하나님이 절대로 없다고 생각하게 되었으며, 그리스도의 가르침은 내가 태어난 투쟁의 땅에는 조금도 적용되지 않는다고 생각하게 되었다.37

김 산은 일제가 조선 민족을 짓누르고 있는 강점 상황에서 오른쪽 뺨을 때리면 왼쪽 뺨도 들이대라는 기독교의 비폭력 윤리에 대해 회

---

37 Nym Wales and Kim San, *Song of Ariran: A Korean Communist in the Chinese Revolution* (San Francisco: Ramparts Press, 1941), 83쪽에서 따와 옮김.

의를 품고, 일제를 비판하기보다는 조선 민족의 죄만을 이야기하는 교회 지도자들의 가르침, 그리고 기도로 독립을 염원만 하는 교인들을 비판하였다. '나아가 싸우는 것만이 승리를 얻을 수 있다'고 확신한 그는 몸담고 있던 교회를 버리고 좌파 게릴라 전선으로 뛰어 들어간 것이다.38

3·1운동 전에 종교 자체를 무척 싫어했던, 그러나 기독교만은 긍정적으로 보았던 신채호도 3·1운동 이후에는 이 종교를 비판하기 시작하였다. 1928년에 그가 쓴 소설의 한 구절을 따와 본다.

> [기독은] (……)늘 '고통자가 복 받는다'고 거짓말로 亡國(망국)민중과 무산민중을 거룩하게 속이어 적을 잊고 허망한 천국을 꿈꾸게 하여 모든 강권자와 지배자의 편의를 주셨으니 (……) 그러나 이번에는 너무 참혹하게 피살하였을 뿐만 아니라 오늘의 자각의 민중들과 비기독동맹의 청년들이 상응하여 붓과 칼로서 죽은 기독을 더 죽이니 수(今) 이후의 기독은 다시 부활할 수 없도록 아주 영영 참사한 기독이다.39

신채호는 가진 자들의 종교가 기독교라고 꼬집고 그리스도를 저주까지 하고 있다. 기독교가 강점통치 세력과 돈 가진 자들의 종교가 되

---

38 윗글, 83~88쪽을 볼 것.
39 신채호의 이 소설「용과 용의 대격전」은 『申采浩全集』別卷에 실려 있어 쉽게 읽을 수 있는 자료이다.

어 강점통치 아래 신음하고 나라 잃은 이들을 현혹시키고 고통의 '오늘'을 잊고 다가올 '천국'만을 기다리게 함으로써 강점통치 세력과 가진 자들을 도와주고 있다고 질타하였다.

기독교에 대한 이러한 비판은 김 산이나 신채호와 같은 좌파에 속한 이들만의 것이 아니었다. 3·1운동 이후에는 민족주의 우파에 속한 이들도 혹독한 비판과 질타를 기독교에 퍼부었다. 1920년대 한 신문은 기독교 지도자들이 참혹한 현실을 보지 않고 권력계급이나 부자 편에 서서 그들의 기부금에만 관심이 있고 노동계급의 현실은 아예 무시하고 사회의 혁신을 외면하고 있다고 비판하였다.

> 모든 道德(도덕)과 因習(인습)과 尊貴(존귀)가 다 무엇인가. (……) 基督(기독)은 何(하)를 言(언)하였는가.「나는 칼을 대고 불을 던지러 왔다」하지 아니하였는가. (……) 모든 사람이 평등이요 따라 모든 사람이 價値(가치)의 絶對主人公(절대주인공)인 그 民衆(민중)의 光榮(영광)을 爲(위)하여 奮鬪(분투)하며 祝福(축복)하라.40

이 사설은 기독교 성직자들이 교회 울타리 안에 정착하여 찬송 부르고 기도하며 설교만 할 뿐이지, 이들은 자신이 믿고 있다는 예수가 번민하고 투쟁한 일들을 외면하고 있다고 비판하였다. 바로 이 때문에

---

40 「東亞日報」, 1922년 1월 7일자. 사설, 「宗敎家여, 街道에 出하라」를 따옴.

기독교는 지배계급과 부자들의 종교가 되어 가난에 찌들고 권력에 눌려 사는 민중의 삶과 유리되었다고 꼬집는다. 그리고 부자와 권력 가진 이들이 만들어 낸 기존의 가치, 관습, 그리고 제도 안에 교회 지도자들이 안주함으로써 참 그리스도의 가르침을 저버렸다고 질타하였다.

3·1운동 이후에 빗발친 기독교에 대한 혹독한 비판과 질타는 교회 지도자들의 '비정치화' 작업과 이어져 있다. 3·1운동 후 교회 지도자들은 독립운동과 같은 정치 운동과 기독교공동체 사이에 놓여 있는 이음새를 끊으려 했다. 이전에 교회가 사회, 정치적 세력을 껴안고 있었는데, 이제는 이들을 교회 울타리 밖으로 축출하고자 했다. 1920년대에 치솟기 시작한 기독교에 대한 비판은 바로 교회 지도자들이 전개한 교회의 비사회화, 비정치화 작업에 대한 하나의 반응이었다. 그렇다면, 그렇게도 민족 문제에 앞장서서 열정을 쏟던 기독교 지도자들이 왜 3·1운동 이후 교회와 독립운동 등 사회, 정치 운동 세력과 관계를 끊고자 했는가? 왜 이들은 교회와 사회 사이에 담을 높이 쌓아 그 속에 안주하려 했는가 하는 질문이 따라 나온다.

1920년대부터 나타나기 시작한 기독교 지도자들의 이러한 정치적 입장 변화는 여러 시각과 수준에서 설명되어야 한다. 앞서 지적한 3·1운동 이후의 일제강점통치 정책 전환, 이에 따른 역사 환경의 변화도 거론할 수 있을 것이다. 또한 종교적 지식인의 한계나 개개인의 허약한 성격까지도 말할 수 있을 것이다. 이를 고려하면서도 나는 이 종교 지도자들도 종교적 지식 계급으로서 그들이 갖고 있는 계급적 속성과

관련해서 그들의 변화된 사회, 정치적 입장을 설명하려 한 적이 있다.41

1920년대에 이르면 기독교공동체는 엄청난 수에 달하는 '봉급 받는 사람들'을 가지게 된다. 1924년에 장로파와 감리파만 해도 1,266명의 성직자와 1,844명에 이르는 행정 요원들이 교회에 경제적으로 기대고 있었다.42 1919년에 1,517명이던 교회 계통의 학교 선생과 행정 요원이 1926년에는 2,789명으로 늘어났다.43 바로 이들이 25만 명이 넘은 신도들과 수천의 교회와 수백의 학교를 운영하고 가르치는 지도자들이었다. 기독교공동체에 경제적으로 기대고 있는 이들이 바로 이 종교를 운영하는 지도자들인 것이다. 교육자로서, 문화 계급으로서, 종교 지도자로서 사회적 지위와 명망을 얻고 있던 이들이다. 옛 양반들처럼 이들도 교인과 일반 사람들에 대하여 지적, 문화적, 사회적 우월감을 갖고 이들 위에 군림하려는 태도를 보이기 시작한 것이다.44

기독교공동체 안에서조차 지도자들이 점점 상층 계급에만 관심을 가지고 그들과 짝하여 간다는 비판이 나올 정도였다.45 김원벽은 "기독의 주의와 복음을 선전하는 것을 사명으로 삼는 교역자 제군아 언

---

41 나의 영문 책에서도 다뤘지만, 바로 앞 장의 내용만 참고해도 될 터이다.
42 T. Stanley Soltau, *Korea: The Hermit Nation and Its Response to Christianity* (New York: World Dominion Press, 1932), 114쪽
43 李能和, 『朝鮮基督教及外交史』(서울: 학문각, 1968), 220과 223쪽을 볼 것.
44 李光洙, 「今日 朝鮮의 耶蘇教會의 缺點」, 『靑春』 11호, 77~81쪽, 특히 77쪽을 볼 것.
45 金昶濟, 「現下 基督教運動의 方向」, 「基督申報」 1932년 1월 20일.

제 예수가 부자를 옹호하여 약자를 억압하라 하였더냐. 제군이 교회 중대 문제를 해결할 때에 언제나 부자의 의견을 꺾은 때 있으며 빈자의 생각을 채용한 적이 있느냐"고 교회지도자들을 비판하였다.46

　기독교 지도자들은 경제적으로 보아 자산가도 아니고 정치적으로 보아 지배세력은 아니었다. 그러나 그들은 종교적 지식이나 이 종교 덕에 얻은 지식을 '자본'으로 일자리를 얻고 사회적 지위를 확보한 종교적 지식계급 또는 문화계급이다. 우리가 익히 보았듯이, 이들의 대다수는 이른바 하층민 출신으로 기독교공동체에 들어와 이 종교가 베푼 교육과 정치 훈련을 받고 이 공동체 안에서 일자리를 얻은 사람들이었다. 이들은 그들이 경제적, 사회적으로 기댄 기독교가 순수한 종교로 성장하기를 바라는 이들이다. 다시 말하면 자기들의 일자리, 사회적 지위를 보호하고 유지하려 했다. 이러한 계급적 속성이 이들로 하여금 독립운동을 비롯한 사회, 정치적 문제에 등을 돌리게 했다는 말이다. 3·1운동 이후 기독교공동체 안팎에서 치솟기 시작한 기독교에 대한 비판과 질타의 내용은 바로 교회 지도자들의 사회적 지위 향상, 이에 따른 현실 안주, 그리고 그들이 경제적으로 기댄 교회를 사회, 정치 운동과 격리시켜 안전하게 보호하려 했음을 직접, 간접으로 우리에게 알려주고 있다. 1920년대 이후에 나타나기 시작한 기독교와 조선 민족운동 세력과의 엇물림은 바로 이런 맥락에서 읽고 설명되어

---

46 金元璧,「現代思想과 基督敎」,『青年』3권 7호(1923년 7~8월), 22~24쪽. 23쪽을 따와 읽기 쉽게 풀어 썼다.

져야 할 것이다.

넷. 3·1운동 이후 시작된 기독교의 세속화

일제강점 초기 기독교는 나라를 잃고 허탈해 하는 조선 사람들을 끌어들여 계속 성장하여 갔다. 기독교는 식민지들이 타는 목마름으로 기다렸을 출애굽의 이야기를 비롯한 소망, 해방, 위로의 성서적 상징과 언어를 가지고 있었다. 또한 집회·결사·언론의 자유를 박탈당한 피식민지인들이 만나서 서로를 위로하며 소속감을 느낄 '만남의 터'도 기독교는 가지고 있었다. 바로 이 때문에 조선 사람들은 줄지어 이 종교공동체로 들어왔다. 그러니까 이 시기의 기독교의 성장은 조선 사람들의 조직공동체의 확대이고 자연히 반일 독립운동 세력의 심리적, 조직적 토대의 확장을 의미했다. 신민회 운동, 3·1운동과 같은 일제강점 초기의 반일독립운동이 자연히 기독교공동체 안팎에서 이 종교의 지도자들과 조직망에 기대어 펼쳐지게 되었다.

일제강점 후기에는 이념의 오른쪽이나 왼쪽에 관계없이 거의 모든 반일 독립운동 세력과 기독교와의 사이에 엇물림의 조짐이 나타나기 시작했다. '문화정치'라는 강점통치 세력의 정책 전환이 몰고 온 변화된 역사 환경이 이 엇물림에 한 몫을 했을 것이다. 이를테면, 문화정치로 제한적이나마 집회·결사·언론의 자유를 갖게 된 조선의 여러 사회, 정치세력은 이전과는 달리 종교공동체 울타리 밖으로 나가 수많은 단체를 조직, 활동하게 되었다. 이들이 이전에 종교공동체들이 해오던 여러 사회, 정치활동과 역할을 떠맡음으로써 종교공동체의 활동과 역할을 축소시켜 결국에는 기독교를 비롯한 종교공동체가 조선 사람들의 사회, 정치 운동 전선의 뒷전으로 물러나게 했을 가능성을 나는 부인하지 않는다.

그러나 나는 이에 더하여, 아니 이보다도 일제강점 후기 기독교와 반일 독립운동을 비롯한 여러 사회, 정치 세력 사이에 나타나기 시작한 엇물림은 사회적 조직처로서의 기독교와 사회 계급으로서의 기독교 지도자들의 변화된 성격 및 자리와 이어서 이해되어야 할 역사 현상임을 강조하고 싶다. 구한말에 들어와 개혁적 사회세력과 만나고 일제강점 초기 독립운동 세력과 깊게 물려 있었던 기독교는 조선 사람들의 기대를 한몸에 받으며 거대한 종교집단으로 성장하였다. 기독교 성장이란 단순히 신도 수와 교회당 수의 증가만을 뜻하지 않는다. 이는 이 종교에 사회적, 경제적으로 기댄 지식, 문화, 종교 계급의 수적 증가를 의미하는데 바로 이들이 기독교를 이끌고 운영하는 지도자들이었다. 바로 이들이 3·1운동 이후 기독교를 사회, 정치로부터 격리시켜 보호·육성하려 했다. 이들은 사회적·경제적으로 기대고 있는 기독교가 사회, 정치운동에 휘말려 박해나 탄압을 받게 되는 상황을 지극히 염려하는 '지식 봉급쟁이들'이었던 것이다. 바로 이들이 3·1운동 후 기독교를 이끌면서 '순수종교화'라는 깃발을 들고 교회 안에 있는 사회, 정치적 세력을 뽑아내는 작업을 벌였고, 이는 또한 교회 안팎의 여러 사회, 정치 세력으로부터 혹독한 비판과 질타를 불러 일으켰다. 기독교와 독립운동을 비롯한 여러 사회, 정치 세력 사이에 엇물림이 시작된 것이다.

사회 이론가로 널리 알려진 박영신은 이를 성장이 몰고 온 기독교의 '평범화 과정'이라고 하였다. 기독교의 사회 발전 운동이 낳은 열매를 따먹으며 기독교 지도자들은 사회적 상승 이동을 하게 되었다. 기독교가 베푼 교육과 새 정치 훈련을 받고 그 안팎에서 자리를 얻어 사회적 사닥다리를 재빨리 올라 권위적이고 위계적인 지도자 그룹을 형성했다. 이들이 이끄는 기독교공동체가 사회변혁 에너지를 잃어, '별난 예수쟁이'의 것이 아니라 '보통 사람'의 것이 되어 가는 과정이 바로 그가 말하는 기독교의 '평범화 과정'이다.[47]

기독교의 평범화 과정은 요즈음 젊은이들이 말하듯이 해방 후 미군정 때나 이승만 정권 때 시작된 것이 아니다. 이 평범화 과정은 오래 전, 바로 3·1운동 이후 기독교와 개혁적 사회세력이나 독립운동을 비롯한 여러 정치세력 사이에 나타나기 시작한 엇물림의 역사와 함께, 이미 시작된 것이다.

---

[47] 박영신, 「기독교와 사회발전」, 『역사와 사회변동』(서울: 민영사/한국사회학연구소, 1987), 10장에도 실려 있다.

제6강

신사참배 반대운동 :
종교운동인가, 민족운동인가

제6강. 신사참배 반대운동:
종교운동인가, 민족운동인가

하나. 전쟁동원기의 신사참배 반대운동

역사학자들은 일제강점기 시대를 세 시기로 구분한다. 이들은 일제 강점통치 정책의 변화에 따라, 또는 이에 맞선 조선 사람들의 대응전

---

* 이 글은 강좌 후 다시 다듬어서 다음 학술지에 수록하였다. 박정신, 「신사참배 반대운동 - 종교운동인가, 민족운동인가」, 『기독교학 저널』 4집(숭실대학교, 2007) 35~45쪽을 볼 것. 이 강좌의 글은 다음과 같은 여러 선행 연구에 기대어 쓴 것이다. 김승태(엮음), 『한국기독교와 신사참배문제』(서울: 한국기독교역사연구소, 1991). 김승태(편역), 『일제강점기 종교정책사 자료집』(서울: 한국기독교역사연구소, 1996). 김승태(엮음), 『신사참배거부 항쟁자들의 증언』(서울: 다산글방, 1993). 김남식, 『신사참배와 한국교회』(서울: 새순출판사, 1992). Lee Kun Sam, *The Christian Confrontation with Shinto Nationalism* (Philadelphia: The Presbyterian and Reformed Publishing Co., 1966). 양현혜, 「근대 일본의 천황제 국가 체제와 기독교」, 『한국기독교와 역사』 9호(1998년 9월), 305~330쪽. 김양선, 『韓國基督敎史硏究』(서울: 기독교문사, 1971). 그리고 김양선, 『韓國基督敎解放十年史』(서울: 대한예수교장로회 총회 종교교육부, 1956). 이에 더하여 나의 영문 저서, *Protestantism and Politics in Korea* (Seattle and London: University of Washington Press, 2003), 넷째 마당 후반부와 다섯째 마당도 읽을 것.

략에 따라 시대를 구분하고 있다.[1] 첫 번째 시기는 1910년 일제의 조선 병탄부터 1919년 3·1운동까지인데, 이 시기를 '무단통치기' 또는 '암흑기'라고 한다. 오직 무력에 의존하여 조선 사람들을 통치하던 시기로서 집회·결사·언론 자유와 같은 기본권을 조선 사람들에게 허용치 않았던 시기였다. 그러니까 이 시기에 조선 사람들은 어떤 단체도 결성할 수가 없었고, 어떤 대중 집회도 가질 수 없었으며, 신문이나 잡지를 발간할 수도 없었다. 종교단체나 활동 외에는 어떤 단체나 활동도 할 수가 없었다. 그야말로 암흑기였다.

둘째 시기는 1919년부터 1937년 일제가 중국과 전쟁을 선포할 때까지인데 '문화정치' 시대라고 한다. 3·1운동을 무력으로 무자비하게 진압한 후 일제는 더 이상 오로지 무력에 기대서는 조선 사람들을 통치할 수 없다고 판단하고 이른바 문화정치로 통치정책을 바꾸었다. 이것은 일제강점통치 당국의 치밀한 계산에서 나온 정책전환이었다. 무력으로 진압하는 과정에서 수많은 조선인들이 죽임을 당하고 부상을 당하는 등 육체적 심리적으로 상처를 받았기에 이들을 선무할 필요도 있었을 것이며, 세계 강국으로서 국제무대에서 손상된 이미지를 개선할 필요도 있었을 것이다. 그래서 일제강점통치 당국은 조선 사람들에게 제한된 집회·결사·언론 자유를 허용하였다. 이러한 정책전환에

---

[1] 강재언, 『일제하 사십년사』(서울: 풀빛, 1984), 66~69쪽과 Michael E. Robinson, *Cultural Nationalism in Colonial Korea, 1920~1925* (Seattle and London: University of Washington Press, 1988), 44~47쪽을 볼 것.

따라 조선 사람들의 대응, 다시 말하면 독립운동방식도 변하게 되었다. 이전에는 종교공동체의 우산이 필요해서 종교공동체에 기대어, 그래서 종교공동체 안팎에서 민족운동을 모의하고 전개하였는데, 이제는 종교공동체의 울타리 밖에서 제한적이나마 단체를 조직하고 신문이나 잡지를 발간할 수가 있었다. 그래서 이 문화정치 시기에 「동아일보」, 「조선일보」, 『폐허』, 『동광』과 같은 신문과 잡지가 발간되었고 수천 개의 조선인 단체가 생겨나게 되었다. 독립운동의 이념과 방책이 다양화되는 긍정적인 면도 있으나 그만큼 분화된 민족운동이 되었던 것이다.

셋째 시기는 중일전쟁이 발발한 1937년부터 1945년 광복까지인데 '전쟁동원기'라고 부른다. 우리가 익히 알고 있듯이 대륙진출을 끈질기게 추구하던 일본은 서양제국들의 경고와 반대에도 불구하고 1931년 관동군이 만주사변을 일으켰고, 1932년 일제의 괴뢰인 만주국을 만들었다. 팽창정책을 추구하는 일본제국과 서양제국들은 날카롭게 맞서게 되었고 서양제국의 경제적인 압박이 가중되자 중국 침략을 감행하였다. 허울 좋게도 '대동아공영'을 부르짖으며 말이다. 중국과, 이후에는 서양제국들과 군사적으로 맞서게 된 일본으로서는 내부단속과 결속이 절실했을 뿐만 아니라 전쟁에 필요한 인적, 물적 자원의 동원이 필연적이었다. 이때 조선 사람들에게 '동조동근'이니 '내선일체'니 하면서 일본식 이름을 강제하고 이른바 '신사참배'를 강요하게 되었다.

한국기독교사를 개척한 역사학자 김양선은 일찍이 기독교가 일제강점통치 세력에 의해 받은 3대 박해는 1911년의 105인사건, 1919년의 3·1운동, 그리고 우리가 여기에서 논의하고자 하는 신사참배강요사건이라고 한 바 있다.2 그만큼 전쟁동원기에 있었던 이른바 황민화 정책의 핵심인 신사참배 문제로 기독교공동체와 일제강점통치 세력이 첨예하게 대립하였고, 이로 인해 기독교공동체가 큰 박해를 받았기 때문이다.

우리의 관심은 얼마나 많은 기독교인들이 이로 인해 투옥되고 부상을 입었으며, 얼마나 많은 기독교인들이 감옥에 갔는지 하는 수치가 아니다. 우리가 문제 삼고자 하는 것은 우리 학계가 일단의 기독교인들이 펼친 신사참배 반대운동을 순수한 종교운동으로 간주하고 있다는 시각이다. 지난번 일제강점통치 시대 우리의 민족주의 운동을 다루면서 보편주의적 종교와 특수주의인 민족주의가 결연하거나 융합될 수 있다고 했다.3 일제강점통치라는 우리 민족이 처한 특수한 상황에서 일어난 것, '신사'라는 것이 일본민족의 신이며 천황의 조상이라는 아마테라스오미카미 天照大神를 모시는 신사에 참배하는 것, 그리고 이른바 일본제국의 신도국가주의 神道國家主義, Shinto nationalism 다시 말하면 일본의 신과 일본제국의 팽창국가주의가 결연 또는 융합된, 국가의

---

2 김양선, 『韓國基督敎史硏究』, 177쪽.
3 '기독교 민족주의'에 대한 나의 논의는 구한말과 일제시대에 대한 나의 두 강의를 참고할 것. 그리고 나의 글, 「구한말 '기독교 민족주의'」, 『한국민족운동사연구』 38집 (2004년 3월), 227~248쪽을 볼 것. 이 글은 나의 논문집, 『한국기독교사 인식』(서울: 혜안, 2004), 75~94쪽에도 실려 있음.

레이면서 종교행위가 되는, 일본제국의 국가주의에 터하고 국가권력에 의한 일본신사의 강제 참배에 조선의 기독교인들이 맞섰다는 것을 알면서도, 우리 학계의 도식적 역사인식 때문에 또는 반종교적(반기독교적) 경향 때문에 이 신사참배 거부운동에 대한 깊은 학문적 논의도 없었고 기존의 역사 인식에 대한 반성도 없었다. 그래서 우리는 신사참배 반대운동이 종교운동이었는지 민족운동이었는지, 또는 종교운동이자 민족운동이고 민족운동이자 종교운동이었는지를 함께 살피려고 하는 것이다.

둘. 신사참배는 국가의례가 아닌 신앙문제

이를 위해 일본의 신도, '신도국가주의'에 대해 논의할 필요가 있다. 명치유신 직후 부국강병의 기치를 내건 일본은 총체적 서양화의 길에 들어 서양 것은 무엇이든지 다 좋다는 이른바 서구문명에 '중독된 시대'에 들어선다.4 이 시기에는 그들의 '제정일치' 전통에 따라 신도를 국가종교화하려는 움직임이 그렇게 활발하지 못했다. 짧은 기간에 그들의 국가목표를 달성하기 위해서는 온 민족이 단결하여 서양화에 매진하여야 했기 때문이다. 그러나 일본 사람들(적어도 엘리트들)이 제정일

---

4 George Sansom, *The Western World and Japan: A Study in Interaction of European and Asiatic Cultures* (New York: Alfred A. Knopf, 1950), 378쪽.

치의 전통과 신도의 국가종교화를 포기한 것이 아니다. 신도 국가종교화가 총체적 서양화 아래 잠시 잠복해 있었다고 보아야 할 것이다. 왜냐하면 1890년대 중반부터 서양 제국과 갈등을 겪으면서 반서양의 길에 들어서서 일본의 충효와 같은 전통가치로 되돌아가 국민을 단결할 필요가 있을 때, 다시 신도의 국가종교화가 역사의 수면 위로 나타났기 때문이다.

사실 이보다 앞서 1889년 제국헌법을 제정, 발표했다. 이 제국헌법 제3조에 "천황은 신성해서 침범할 수가 없다"고 했는데, 이미 제정일치나 신도의 국가종교화의 숨은 뜻이 나타났던 것이다. 이른바 고쿠타이 國體 개념의 등장이다. 이 개념에 대해 다음 글을 따와 본다.

> 대일본제국은 황공하옵게도 황조인 아마테라스오미가미(天照大神)가 개국한 나라로서 그 신의 후예이신 만세일계(万歲一系)의 천황이 (……) 과거로부터 무궁하게 통치하신다. 이것이 세계 어느 나라에도 없는 우리의 국체다. (……) 우리 국가에서 역대의 천황은 늘 황조와 일체가 되어 현인 신으로서 그 치세 동안 신으로서 다스리시고 (……)5

분명한 것은 제정일치의 전통, 특히 신도의 우두머리 신이 일본을 세운 '아마테라스오미가미'라는 점, 일본의 천황은 사람의 옷을 입은

---

5 申祇院(편), 『神社本意』, 1944. 村山重良, 『國家神道』, 14쪽에서 따와 옮김.

그의 후예로서 일본을 다스린다는 것, 그래서 신사를 찾아 조상 공경하듯 해야 한다는 것이다. 천황은 신이고 신사는 종교적 기관인 것이다. 이처럼 신도라는 일본종교가 천황제도와 '융합되어' 신사참배라는 종교의식이 국가의례라는 옷을 입고 나타난 것이다.

물론 그 이후에 신사의 비종교화 움직임이 때때로 나타났고, 또한 이 신도 국가주의에 저항하는 이들도 있었다. 국가종교가 된 신도의 신사는 종교가 아니라고 하는 이들도 있었다. 제국헌법이 종교의 자유를 보장하고 있으니 이 신도는 국도國道이고 가헌家憲이라고 이들은 주장한다. 그렇기 때문에 신사참배는 국가의 한 의례이고 조상에 대한 숭앙의 예인 것이다.6 이러한 신도의 비종교화, 이에 따른 합리화의 움직임과 함께 천황제와 신도라는 국가종교가 융합된 것을 간파하고 이에 정면으로 맞선 이들도 있다. 1891년 무교회주의자 우찌무라 간조 內村鑑三의 이른바 '불경사건'이 바로 그것이다.7

그렇기 때문에 천황제도와 국가종교가 된 신도가 융합되었다는 사실을 아무도 부인할 수가 없다는 것이 우리의 생각이다. 일본과 조선에서 신사 행정에 관여한 오야마 小山文雄의 다음 글귀도 우리의 주장을 더욱 설득력 있게 해준다.

국민으로서 수입종교를 신앙한다는 이유로 국체신도(國體神道)를 신봉하지 않

---

6 김남식, 『신사참배와 한국교회』, 106~108쪽을 볼 것.
7 양현혜, 「근대 일본의 천황제 체제와 기독교」, 315쪽을 볼 것.

는 자가 있다면 그것은 분명 반국민적이다. 다시 생각하건대 다른 종교도 신도(神道)도 결국은 동일 부류의 절대 진리를 신앙하는 점에서 동일점에 귀일되는 것으로 믿는다. 그런 것을 타종교를 신앙하기 때문에 신사참배를 거부하는 것은 이 진리에 철저하지 못한 협량하의 태도라고 보지 않을 수 없다.8

이 글귀에서 신도와 천황제는 떼려야 뗄 수 없이 결연되어 있고 융합되었음을 우리는 다시 한번 더 확인하게 된다. 역사학자 김양선은 이 글귀가 "기독교와 신도가 본질적으로 동일 진리임"을 역설한 것으로 보고 있으며, 나아가서 '국체신도'의 "아마테라스오미가미와 그리스도를 동질동위의 신"으로 간주하고 있다고 인식하고 있다.9 그렇기 때문에 기독교인들, 특히 조선의 기독교인들에게 이 신사참배 문제는 단순한 국가의례의 문제가 아니고 그들의 '믿는 바'의 문제, 다시 말하면 종교의 문제가 될 수밖에 없었던 것이다.

셋. 기독교신앙과 민족의식의 융합

조선의 신사는 오랜 역사를 가지고 있다.10 임진왜란 후 일본 사

---

8 小山文雄, 『神道と 朝鮮』, 196쪽. 김양선, 윗글, 174~175쪽의 따옴을 다시 따옴.
9 김양선, 『韓國基督敎史硏究』, 174~175쪽을 볼 것.
10 이에 대한 짧은 논의는 김남식, 『신사참배와 한국교회』, 115~119쪽을 볼 것.

람들이 통상을 위해 조선(부산)을 오가면서 1609년 자신들의 신을 모시는 '고토히라신사 金刀比羅神社'를 세운 것을 이야기할 수 있지만, 본격적으로 신사가 조선에 들어온 것은 물론 1876년 강화도조약으로 일본인들이 조선 여러 곳으로 이주하게 되자 그들이 거주하게 된 곳에 신사를 세우기 시작한 때다. 일제가 조선을 병탄한 후에는 총독부가 나서서 여기저기 신사를 세우고 신궁을 건립하였다.

앞서 말했지만, 일본은 1937년 중일전쟁을 시작하면서 전쟁에 필요한 인적, 물적 자원 동원과 함께 후방, 다시 말하면 '국내전선'의 한결같은 전쟁 지원을 위해 신사참배를 강요하게 되었다. 학생들과 공공기관에서 일하는 이들을 비롯한 조선 사람들이 일본 신사를 참배할 것을 강제화한 것이다. 물론 전쟁동원기 이전에도 신사참배 문제로 기독교공동체와 갈등한 일이 빈번하였지만,[11] 일본제국이 대륙진출을 하면서 신사참배를 강요하는 일제 당국과 기독교공동체는 심각한 대립으로 나아가게 되었다.

우리는 '신사참배'를 '국가의례' 가운데 하나로 생각한 조선사람들(무종교), 그리고 이를 '국가의례'라며 자신들의 참례를 정당화한 불교, 천도교, 그리고 천주교, 감리고 등 여러 종파와 교파에 속한 이들이 신사참배를 하였음을 익히 알고 있다. 이를 비판적으로 바라 본 장로교파까지 1938년 총회에서 신사참배는 국가의례라고 결의하여 조선의

---

[11] 윗글, 120~124쪽을 볼 것.

모든 종파와 교파들이 신사참배를 하였다.12 우리는 대다수의 조선 사람들, 대다수의 기독교인들의 신사참배 결정에 불복하고 소극적이든 적극적이든 끝까지 신사참배를 거부하면서 박해를 받았던 '소수의 기독교인들'에게 주목하려고 한다. 왜냐하면 이 글이 의도하는 것은 이것이 그들의 종교적 신념 때문이었는지 아니면 민족적 의식 때문에 신사참배를 거부했는가 하는 것의 문제이기 때문이다.

우리는 익히 알고 있다. 기독교인들은 이른바 십계명을 지키려고 노력하는 이들이다. 십계명의 첫째가 "너는 나 외에는 다른 신들을 네게 있게 말지니라"이고, 둘째가 "너를 위하여 새긴 우상을 만들지 말고, 또 위로 하늘에 있는 것이나, 아래로 땅에 있는 것이나, 땅 아래 속에 있는 것의 아무 형상이든지 만들지 말며, 그것들에 절하지 말며, 그것들을 섬기지 말라"이며, 셋째가 "너는 너의 하나님 여호와의 이름을 망령되이 일컫지 말라"이다.13 소박하지만, 신사참배를 거부한 이들은 바로 이러한 계명을 따른 이들이었다. 주기철, 이기선, 한상동, 주기선 등이 그러했다.

이를테면, 신사참배 거부로 경찰에 체포된 목사 주기철에게 일제 경찰관이 그가 믿는 여호와 하나님이 일본 천황보다 높은가 하고 물었을 때, 주기철은 물론 그렇다고 '신앙고백'을 하듯 단호하게 대답하였

---

12 이에 대해서는 김양선, 『韓國基督敎史硏究』, 186~187쪽을 볼 것. 총회 장소에 경찰이 출동하여 위협을 하였다고 한다.
13 출애굽기 20장 1~7절.

다. 이들은 그리스도가 영광스럽게 부활하여 영원한 영광의 자리에 앉게 된 부활의 신앙을 가지고 일제와 맞선 것이다.14 그래서 그들은 일제의 혹독한 고문도 이길 수가 있었고, 그래서 그들은 가족이 겪은 고통도 참을 수가 있었다. 이기선도 옛날 유대인이 바빌론에 포로로 끌려갔을 때, 그들의 신앙이 억압받았고 이스라엘 족속이 멸망의 위기에 처했었다고 하면서 지금 일본이 조선 사람에게는 바빌론이고 조선은 유대다, 일본식 이름이 조선 사람들에게 강요되고 신사참배가 강요되고 있다고 고백하였다.15

우리는 여기서 신사참배 거부운동을 한 이들이 초월적 존재인 여호와에 대한 깊은 신앙, 그리스도의 부활에 대한 굳은 믿음, 그리고 일제 탄압의 상황을 종교적으로(성서의 언어와 상징을 동원하여) 담아낸 강한 민족의식을 읽는다. 다시 말하면, 이 신사참배 거부운동에 앞선 이들에게서 기독교 신앙과 민족의식이 '융합'되었음을 밝히 읽을 수 있다는 말이다.

민족의식과 기독교 신앙이 융합된 믿음을 가진 이들은 감옥에 들어가 고문당하고 죽어갔으며, 어떤 이들은 감옥에서 해방을 맞았고, 이

---

14 주기철의 삶을 보기 위해서는 김충남, 『순교자 주기철 목사의 생애 - 진달래 필 때 가버린 사람』(서울: 백합출판사, 1974)을 볼 것. 본문과 관계되는 부분은 이영헌, 『한국 기독교사』(서울: 콘코디아출판사, 1978), 210~218쪽을 볼 것.
15 이에 대한 원문을 쉬이 찾을 수가 없다. 그래서 나는 이만열, 「개신교의 전래와 일제하 기독교와 국가」, 한국기독교사회문제연구원(편), 『국가권력과 기독교』(서울; 한국기독교사회문제연구원, 1982), 33~190쪽, 188쪽의 따옴에 터하였다.

들과는 달리 소극적인 신사참배 반대를 한 기독교인들은 해외로 망명해 있다가 해방이 되어 조선으로 돌아왔다. 특히 평양의 숭실전문과 평양신학교는 신사참배로 자진 폐교를 하기도 했다.16

넷. '믿음의 사람들'인 동시에 '민족의 사람들'

간단히 말해 신사참배 거부운동은 종교운동이다. 이를 주도한 이들이 모두 기독교의 초월의 신에 대한 '십계명적인 신앙'에서, 그리고 그리스도의 부활에 대한 믿음에서, 다른 종교인 신도의 신사에, 그 신인 아마테라스오미가미를 모시는 신사에 참배할 수가 없었던 '믿음의 사람들'이었다.

그럼에도 불구하고 이들의 신사참배 거부운동을 단순히 종교운동으로만 인식할 수 없는 부분이 있다. 앞서 짧게 살펴본 이기선의 고백처럼, 이들은 자기들이 처한 일제강점 상황과 일제의 황민화 정책과 신사참배 강요를 단순하게 종교적으로만 인식하고 있지 않았다는 사실 때문이다. 그들의 상황을 바빌론에 포로 된 이스라엘 사람처럼, 바빌론이 이스라엘 족속의 종교와 풍습을 말살하려고 한 것처럼, 일제가 창씨개명을 강요하고 신사참배를 강요하는 그들의 식민 상황을 종교

---

16 이에 대한 상세한 논의는 김양선, 김남식, Lee Kun Sam의 글을 읽을 것.

적이나 민족적으로 인식하고 있다. 그들은 '믿음의 사람들'인 동시에 '민족의 사람들'이었던 것이다.

더욱이 일제가 강요하는 신사참배라는 것이 종교와 국가권력(천황제)이 융합된 국가종교인 신도의 신사참배였기 때문에 소수의 조선 기독교인들의 대응이나 저항도 융합된 것, 다시 말하면 그들의 종교인 기독교신앙과 민족의식이 융합될 수밖에 없었던 것이다. 이와 같은 복잡한 역사 현상을 '종교운동'이다 '민족운동'이다 하여 단순하게 보지 말고, 이 둘이 함께 어우러져 잉태한 것으로 읽자는 말이다. 우리가 역사를 읽을 때 도식적으로 읽지 말자는 이유가 바로 여기에 있다

이 신사참배 문제는 일제강점기 기독교를 이해하기 위해서도 중요한 것이지만, 해방 후, 아니 지금의 기독교공동체의 모습을 이해하기 위해서도 중요한 논의 대상이다. 해방 공간과 그 이후 뒤틀린 우리 역사가 바로 이 문제와도 이어져 있기 때문이다.

제7강

해방, 분단, 6·25 전쟁, 그리고 기독교

제7강. 해방, 분단, 6·25 전쟁, 그리고 기독교

하나. '도둑같이 뜻밖에' 찾아온 광복

광복이 왔다. 1945년 8월 15일이다. 민족시인 심 훈이 1930년 3월 1일을 맞아 광복을 온몸으로 쓴 시에서 조선 민족이 얼마나 광복을 기다리고 있었는지를 읽는다.

그날이 오면, 그 날이 오며는

삼각산(三角山)이 일어나 더덩실 춤이라도 추고

한강(漢江)물이 뒤집혀 용솟음칠 그 날이

이 목숨이 끊기기 전에 와 주기만 할 양이면

나는 밤하늘에 날으는 까마귀와 같이

종로(鐘路)의 인경(人磬)을 머리로 드리받아 울리오리다.

---

* 이 강좌는 거의 나의 다음 글에 기대고 있다. 박정신, 『한국기독교 읽기』(서울: 다락방, 2004), 165~195쪽.

두개골이 깨어져 산산조각 나도

기뻐서 죽사오매 오히려 무슨 한(恨)이 남으리까.

    심 훈은 그의 시 「그날이 오면」에서 광복이 오기를 울부짖었다. 그러나 그는 광복을 맞지 못하였고 윤동주도 감옥에서 세상을 떠났다.
    이처럼 모두가 광복을 기다렸다. 남쪽에 살든 북쪽에 살든, 이 땅에 살았든 다른 곳으로 이주해 살았든, 이념적으로 오른쪽에 있든 왼쪽에 있든, 한민족 모두가 광복을 기다리다가 드디어 광복을 맞은 것이다. 그래서 벽초 홍명희는 해방축시 「눈물 섞인 노래」에서 이 민족의 환희를 이렇게 노래했다.

아이들도 뛰며 만세

어른도 뛰며 만세

개짖는 소리 닭우는 소리까지

만세만세

    그렇다. 기다리고 기다리든 광복을 맞았으니 이 땅의 모두가 만세를 불렀고, 심지어 이 땅의 개나 닭까지도 기뻐 만세를 불렀던 것이다.
    그러나 조선 민족의 환희는 함석헌이 말한 바와 같이 광복을 준비하지 않은 채 "도둑같이 뜻밖에"와 조선 민족의 앞길에 먹구름이 어둡게 끼어 있었다. 우리 민족이 준비해서 우리 민족의 힘으로 쟁취한 광복이 아니고 연합군의 승리로 주어진 광복이었기에 우리 민족의 미래가 그 외세의 손에 달리게 되었기 때문이다. 그래서 시인 오소백은 "아, 우울한 해방"이라 했고, 중경에서 광복의 소식을 들은 김 구는 "큰일 났구나" 하고 깊은 번민에 사로잡혔던 것이다.

우리가 익히 알고 있듯이 1945년 8월 15일 연합국의 승리, 일본의 항복으로 우리는 광복을 맞게 되었다. 그러나 기뻐해야 할 광복은 남북분단이 뒤따라 우리에게 눈물과 고통, 그리고 동족상잔의 피의 역사를 갖게 하였다. 제2차 세계대전의 종식과 더불어 이른바 '냉전체제'가 잉태되었고 동서 양 진영을 대표하는 소련과 미국이라는 두 외세가 각기 남북으로 진주해서 정치 책동을 일삼음으로 인해, 그리고 1920년대부터 나라가 좌우로 나뉘어 독립이다 광복이다 싸우다가 도적같이 온 광복을 준비하지 못한 까닭에, 우리는 동족 사이에 긴장과 갈등의 역사를 연출하게 되었던 것이다.

그러나 이 광복을 내다보면서 우리 민족지도자들이 전혀 준비를 하지 않은 것은 아니다. 광복 전후에 자기 마을과 지방의 치안을 위해 자치회, 인민위원회와 같은 조직이 지방지도자들에 의해 결성되어 광복을 준비하였다.1 특히 이러한 여러 조직을 흡수하고, 이념의 좌우세력을 아우르며 남북에 걸친 전국적 조직으로 등장한 조선건국준비위

---

1 해방 이후 펼쳐진 기독교와 남북 정치세력과의 관계를 자세히 보려면 다음 글들을 볼 것. 나의 영문 저서, *Protestantism and Politics in Korea*, 여섯째 마당과 한국기독교역사연구소(편), 『북한교회사』(서울: 한국기독교역사연구소, 1996), 340~401쪽.

원회와 이북오도인민정치위원회는 우리에게 너무나 잘 알려져 있다.

그러나 남쪽에서 여운형이 조직한 건국준비위원회(건준)와, 북쪽에서 조만식이 주도한 이북오도인민정치위원회는 실패하게 된다. 좌우세력을 다 포용하고 있었으나 남쪽에 주둔한 미국의 눈에는 건준이 이념적으로 너무나 왼쪽으로 기울어 북쪽에 진주한 소련과 친화적일 수 있어 인정할 수가 없었고, 북쪽에 진주한 소련의 시각에서는 이북오도 정치위원회 위원장 조만식이 이념적으로 너무나 오른쪽으로 기울어 남쪽에 주둔한 미국과 연대한 세력으로 간주되어 와해되었다. 제2차 세계대전의 종식과 함께 잉태된 동서냉전체제에서 한 치의 양보도 할 수 없는 기싸움을 하고 있던 미국과 소련이 각기 남북으로 진주한 이 광복정국에서는 구조적으로 그들과 친화적인 세력이 남북에서 득세할 수밖에 없었다. 이러한 광복정국에서 건준과 이북오도인민정치위원회와 같은 중요한 단체를 조직하고 이끈 인물들이 거의 기독교계 지도자들이었다는 점을 우리는 주목하고자 한다.2

이러한 사실에 주목할 때 우리는 다음과 같은 질문을 던지게 된다. 이른바 '해방공간'에서 기독교 조직에 기댄 건준과 이북오도인민정치위원회가 정치적 주도권을 행사하다가 왜, 어느 세력에게, 어떻게 그 주도권을 빼앗기게 되었는가? 이런 과정에서 남북의 기독교는 어떻게 변하였는가? 그리고 분단과 6·25전쟁을 겪으면서 남북의 기독교는 어

---

2 나의 영문 저서, *Protestantism and Politics in Korea*, 여섯째 마당을 볼 것.

떠한 역할을 하였고 어떠한 모습으로 자리하게 되었는가? 이러한 질문들을 가지고 광복 이후의 역사를 함께 읽어보자.

둘. 기독교회와 이승만 세력이 함께 손잡고 반공전선에

북한의 기독교와 김일성 세력과의 관계를 간단하게 살펴보자.3

평양을 중심으로 북쪽에서 이북오도인민정치위원회를 이끈 조만식은 '조선의 간디'로 알려진 교회 장로였다. 그는 좌파의 현준혁과 더불어 기독교세가 유독 강한 '동양의 예루살렘' 평양을 근거지로 삼고 이북 각지의 교회조직과 기독교 지도자를 중심으로 이 인민정치위원회를 조직, 소련군이 주둔할 북쪽에서 새 나라를 우리의 힘으로 세우고자 하였다.

그러나 조만식은 소련군과 함께 귀국해서 주둔군의 지원을 받고 있는 김일성 세력에게 밀려 이북오도인민정치위원회에서 밀려나게 되었다. 조만식은 그를 따르는 공산주의자 최용건 및 김 책과 함께 1945년 말 조선민주당을 창당하여 김일성 세력과 맞서고자 하였다. 이북 전역의 기독교조직과 교회지도자들이 이 당의 근간조직이었고 당원이었다. 조만식이 이끈 조선민주당과 더불어 이북에 등장한 기독교사회

---

3 이 부분은 한국기독교역사연구소가 펴낸 『북한교회사』, 376~401쪽에 기대었다.

민주당도 지방 인민위원회를 주도하고 있던 목사 한경직과 장로 이유필이 창당하였고, 기독교자유당도 목사 김화식, 목사 신석우, 목사 송정근 등이 결성하였다. 이처럼 기독교세가 선교 초기부터 강했던 이북에서 소련을 등에 업은 김일성 세력이 득세하기 전에는 교회지도자들이 광복정국을 주도했던 것이다.

기독교 지도자들이 사회, 정치 지도자로 떠오르자 이북의 교회도 조직을 재정비하고 신자들의 정신적 또는 신앙적 연대를 강화하고자 하였다. 1945년 10월 이북오도연합회를 결성하여 종교적 문제와 사회, 정치적 문제에 대한 집단행동에 대비하였다. 이 연합회 관장 아래 각 지방을 순회하며 부흥회를 개최한 후 그 열기를 몰아 평양에서 독립기념전도대회를 개최, 안으로 신도들을 단합하고 밖으로 기독교의 세를 과시하였다.

이북 전역에 조직을 가지고 하나의 신앙체계로 뭉친 신도들, 그리고 높은 교육을 받은 지도자들을 가진 기독교공동체는 주둔군 소련의 지원을 받으며 친소 정권을 수립하려는 김일성 세력에게는 위협적인 종교집단이었다. 이를테면, 1946년 초, 창당 3개월 만에 약 50만의 당원을 확보한 조만식의 조선민주당은 「평북민보」, 「황해민보」, 「강원민보」를 발간할 정도로 당세가 재빨리 뿌리내리고 사방으로 가지쳐 갔다. 이것은 바로 활성화된 기독교의 조직과 단합된 신도들 때문이다. 그 당시 4,530명의 당원을 가진, 그러나 주둔군 소련의 전폭적 지원을 받고 있던 김일성 세력과, 약 30만 명의 신도 및 약 2천여 개의 교회를 가진 거대한 조직으로 정치세력화 해가는 기독교 세력이 갈등의 길을 걷게 되었다.

1946년 기독교 지도자들이 평양에서 개최한 3·1운동 기념행사, 기독교사회당 용암포 지부 결성, 반공을 부르짖는 신의주 학생 데모를 비롯한 교회 안팎에서 펼쳐진 크고 작은 기독교 행사와 기독교인들의 활동에 대해 김일성 세력은 민감하게 반응, 물리적으로 탄압하였다. 물리적 탄압과 더불어 김일성 세력은 1946년 목사 강양욱, 목사 홍기주, 목사 김응순, 목사 김익두 등을 내세워 조선기독교연맹을 결성하여 지원하고 그를 반대하는 이북오도연합회와 소속 교회와 성직자들을 탄압하였다. 이북오도연합회를 중심으로 한 기독교 세력은 더해만 가는 김일성의 탄압에 강렬하게 저항하였다. 그러나 주둔군의 전폭적 지원과 물리적 힘을 가진 김일성 집단과 싸운다는 것은 순교적 저항이었지 승리를 담보한 싸움은 아니었다.

김일성 세력과 종교적, 정치적으로 맞서 싸운 기독교 신자들은 길게 논의할 필요도 없이 전투적 반공주의자들이었거나 아니면 대항하는 과정에서 반공주의자들이 되었다. 친소 정권을 창출하려는 김일성 세력의 끊임없는 감시와 탄압을 받게 된 이들은 기독교를 전해준 미국이 주둔하고 이승만, 김규식, 김 구, 여운형 등 기독교 지도자들이 정국을 주도하고 있는 남한으로 탈출하게 된다. 이른바 '종교의 자유'를 누리기 위한 종교적 이주였다.

1948년 북한정권이 수립된 이후에도 이러한 이주는 계속되었고,

이북에 남아있던 기독교인들은 6·25전쟁 때 떼 지어 남쪽으로 이주하게 되었다. 미국의 역사학자 클락은 이를 "장관의 대탈출 spectacular exodus"이라고 부른다.4 이후 이북에는 '가정교회'와 '지하교회'만 있을 뿐, 미세한 집단으로 남게 된 제도권 교회는 여기서 논의하지 않겠다.5

남한에서 기독교와 이승만 정권 탄생과의 관계는 어떠했는가.6

우리가 알고 있듯이, 남쪽에는 조선건국준비위원회가 광복 직전에 여러 지역에서 결성되어 있던 인민위원회나 자치회 등을 흡수하며 전국적인 조직으로 등장하였다. 이 건준이 건국을 준비하며 광복 정국을 주도하게 되었다. 우리 학계에 잘 알려지지 않았지만, 그리고 누구도 강조하기를 꺼리고 있지만, 이 건준도 전국에 퍼져 있는 교회와 깨어난 기독교인들에 기대고, 또한 교육, 사회, 정치 지도자로 이미 떠올라 있던 성직자와 평신도 지도자들의 적극적인 참여에 힘입어 급속히 조직화되었다는 점을 주목해야 한다.

이 건준의 지도자로 맹활약한 여운형은 신학을 공부하고 한때 서울 인사동에 있는 승동교회의 전도사로 시무하다가 민족독립운동전선에 뛰어들었고, 「공산당선언」을 우리말로 번역도 하고 고려공산당을 만든

---

4 Donald N. Clark, *Christianity in Modern Korea* (Lanham and New York: The Asia Society/University Press of America, 1986), 18쪽.
5 상세한 것은 한국기독교역사연구소, 『북한교회사』, 6장을 볼 것.
6 이 부분은 나의 영문 저서, *Protestantism and Politics in Korea*, 여섯째 마당 후반부에 기대었다.

기독교계 인물이었다. 1919년 독립선언서에 서명한 목사 김창준을 비롯하여 목사 이규갑, 이만규, 기독교 지성인 이동화, 가나안농군학교로 유명한 장로 김용기 등 수많은 기독교계 지도자들이 건준의 중앙지도부에 참여하였다.

    건준의 지방 조직도 마찬가지다. 이를테면, 강원도 평창군 건준 위원장은 목사 황회수, 수원시 위원장은 목사 이하영, 가평군 위원장은 목사 김광노였다. 1946년 대구를 중심한 10월 사건으로 유명한 목사 최문식과 목사 이재복도 지도자로 건준에 참여하였다. 1946년 목사 조향록이 강연을 위해 경상남도를 방문하였는데 어디를 가나 인민위원회나 건준이 조직되지 않은 곳이 없었는데 "위원장이란 자는 거의 모두가 목사 아니면 장로인데서 깜짝 놀랐다"고 회고하였다.7

    그러나 북한교회가 조만식이 이끈 이북오도인민정치위원회와 조만식이 만든 조선민주당을 거교회적으로 지지한 것과는 달리, 남한교회는 여운형의 건준을 전폭적으로 지지한 것은 아니었다. 여운형은 남쪽에서 해방정국을 주도하는 이승만, 김 구, 김규식, 신흥우 등 여러 기독교계 정치지도자 가운데 하나에 지나지 않았던 것이다. 남한에 주둔한 미국이 북에 진주한 소련과 이념적으로 친화적인 건준을 지원할 리 없었고, 또한 이승만이 반공을 천명한 후 미국의 지원을 받게 되자 남한에서 남북의 여러 정치세력을 아우르는 이들이 설 자리가 점점

---

7 장병욱, 『6·25 共産南侵과 敎會』(서울: 한국교육공사, 1983), 155쪽.

좁아지게 되었다. 1946년 여운형이 암살당하고, 1947년 김 구가 또한 암살당하게 된다. 그 후 이승만이 남쪽에서 강력한 지도자로 등장하게 되었다. 우리의 관심은 이 시기 기독교의 동향이다.

우선 1948년 1월 미국 장로교의 한 회의에서 이승만은 다음과 같이 연설한 적이 있다. 그는 "그의 정부와 한국의 기독교"는 "남쪽을 공산화"하고 "기독교를 말살"하려는 "소련이 훈련시킨 붉은 군대"를 막아야 하는 중차대한 과업을 수행하여야 한다고 연설했다. 그는 이어서 미국 기독교가 한국에서 이룬 지적, 정신적 개화를 파괴하려는 공산집단에 함께 맞선 "그의 정부와 한국 기독교인들"을 지원해 달라고 호소했다.8 여기서 우리는 이승만이 그와 한국기독교를 함께 묶고 있음을 본다. 다분히 미국 기독교계와 미국 사회의 지원을 겨냥한 '정치연설'이지만, 이러한 그의 행보는 그와 한국교회가 함께 간다는 것을 드러내고 있다는 점을 우리는 지적해야 한다. 우리가 익히 아는 대로, 2차대전 후 동서냉전구조가 등장했던 당시 미국은 맥카시주의 McCarthyism라 불리는 좌파 숙청의 광기에 휩싸였다. 그렇기에 이승만의 반공투사적 연설은 큰 반응을 일으켰다. 특히 "그의 정부와 한국의 기독교인들"이 함께 손잡고 반공전선에 나섰다는 연설은 한국에 기독교를 전파한 미국 기독교회의 적극적인 지원을 유도하였다. 이 연설은

---

8 이 회의는 1948년 1월 4일부터 7일까지 오하이오주 콜롬버스에서 개최되었다. 연설 내용을 다음 자료에서 읽을 수 있다. *The Foreign Missionary Boards and Committees, Conference Report* (New York: E. O. Jenkin's Printing House, 1949), 61쪽.

기독교회와 이승만 세력과의 사이에 이념적, 정치적 연대가 이즈음 이미 이루어졌다는 증거이기도 하다. 서북청년단을 비롯한 북쪽에서 남하한 기독교인들이 이승만 세력에 합세한 것은 두말할 필요도 없다. 반공검사로 유명한 기독교인 오제도와 '피난민 교회'로 시작하여 한국 최초의 대형교회가 된 영락교회가 그 좋은 보기이다.

셋. 반공주의 빼고는 정치문제에 무관심한 보수교회

6·25전쟁 중 남북 기독교가 펼친 전쟁 지원활동을 짧게나마 살펴보자. 앞서 본 바와 같이 해방공간에서 남북한 교회와 교인들이 새 국가 건설 과정에 적극적으로 참여하였다. 이 과정에서 기독교는 정치적 상황과 이해에 따라 분열되었고, 나라의 분단으로 남북교회의 정치적 입장도 달리 취하게 되었다. 북한체제에 반대하는 기독교인들이 대거 남한으로 내려온 이후 북한교회는 조선기독교도연맹을 중심으로 재구성되었고, 소수이지만 남한체제에 반대하는 기독교인들이 북한으로 간 이후 남한교회는 친기독교적인 남한에서 친정부, 친체제적 경향을 가지게 되었다.[9]

6·25전쟁이 일어나자 북한의 교회는 김일성 세력을, 남한의 교회는

---

[9] 나의 영문 저서, *Protestantism and Politics in Korea*, 여섯째 마당에 기댐.

이승만 세력을 적극적으로 지원하였다.10 북한교회는 "미제국주의자들의 지배로부터 조국을 해방"시키려 한다는 북한정권의 주장에 적극적으로 동조하였다. 해방 전 장로회 총회장이었던 목사 김익두가 군기기금으로 10만원을 헌금하였는가 하면, 1950년 8월 5일에는 장로교, 감리교, 성공회, 성결교 등 각 교파의 성직자들이 성문밖교회에 모여 전쟁승리를 호소하는 궐기대회도 열었다. 북한 인민군이 서울에 입성하자 북한교회는 월북한 기독교 지도자들과 그들에 동조하는 일부 남한 기독교지도자들을 묶어 기독교민주동맹을 재건하여 인민군환영대회, 국방헌금모금, 노동력동원, 신도궐기대회 등을 통해 북한의 전쟁을 지원하였다.

전쟁 시 남한 교회도 마찬가지였다. 1950년 7월 3일 피난지 대전에서 한경직, 김병섭, 황금천, 손두환, 임병덕 등 교회 지도자들은 대한기독교구국회를 결성, 전선을 따라 다니며 남한 국군을 선무하고 기독 청년을 모집, 전선으로 내 보내었다. 1950년 9월 28일 서울을 수복한 다음 날에는 수복기념회가 중앙청 광장에서 있었는데, "하나님 은혜"로 싸웠고, "하나님의 도우심"으로 수복하게 되었다고 믿는 기독교 지도자들과 신도들이 대거 참석하였음은 물론이다. 이와 함께 남한 교회는 대중집회를 열어 미국 대통령, 유엔 사무총장 등에게 지원을 요청하는 메시지를 채택, 전달하였는가 하면, 부흥회를 빈번하게 열어

---

10 이 부분은 김흥수, 『한국전쟁과 기복신앙확산연구』, 제3장에 기대었다.

전쟁승리를 열렬히 기도하였다.

나는 여기에서 남북 교회의 전쟁 지원에 대한 논의를 계속하기보다, 전쟁 과정과 그 이후에 나타난 남한교회의 세 특성을 지적하고자 한다.

1) 천박한 물량주의

사회학자 박영신은 1960년대부터 오로지 경제제일주의에 파묻혀 온 우리 사회의 영향을 받은 한국교회를 다음과 같이 비판적으로 인식한 적이 있다.

> 교회는 어떠한가? (……) 경제주의의 추세를 교회가 철저히 반영하고 그 원리를 차라리 후원하고 있다. 교회마다 물질적 풍요와 여유를 찾기에 급급하고, 기독교의 부흥과 영향력을 교회(인) 수와 헌금액 등에 비추어 모든 것을 물량적으로 측정하며, 교회원의 가정마다 물질적 축복을 비는 신앙(?)으로 넘치게 되었다. (……) 한마디로 교회생활을 해 보라. 교회의 물질 지향성은 단숨에 잡힐 것이다. (……)
> 도시의 교회가 바야흐로 합리적 "행정"이다 시스템의 "경영"이다라고 알 듯 모를 듯 입으로 토해 내면서 목회를 이 방식으로 규정짓는 시대의 늪 속으로 깊숙이 빠져든 것이다. 그리하여 교인의 믿음 생활을 수량화하여 수치로 등급화하는 데에 미치고 있는 것이다. (……) 기독교의 가르침에 의해 형성되어 온 세계 인식의 틀이 세속적 경제주의에 침몰되어, 교회가 마치 기업적 이해관계

로 엮어진 조직으로 화석화되어 그 관리와 운영의 성격이 재화 획득과 축적이라는 경제적 욕구를 만족시켜가는 기업체의 그것과 매우 흡사해지고 있다고 말할 수 있게 되었다.[11]

그렇다. 천박한 경제주의 늪에 빠진 교회는 질보다 양을 추구하고 모든 교회가 '큰 교회'가 되고자 한다. 이러한 현상은 분명 조국근대화다 민족중흥이다 외치며 동양 최대, 세계 최대의 공장을 세우겠다는 시대정신과 이어져 있다. 그러나 교회가 이러한 세속적 경제주의나 천박한 물량주의에 빠진 것은 1960년대부터가 아니고 6·25전쟁에서 비롯되었다고 나는 생각한다. 우리나라 최초의 대형교회인 영락교회의 역사를 보기로 삼아보자.

영락교회는 1945년 12월 2일 이북에서 기독교사회당 활동을 하다가 공산세력을 피해 남한으로 온 한경직 목사와 북에서 탈출한 성도 30여 명과 함께 만든 베다니 전도교회로 세상에 태어났다. 영락교회 교회사는 창립 시기의 상황을 다음과 같이 기술하고 있다.

> 베다니 전도교회는 한경직 목사를 중심으로 하여 탈출성도들이 세운 교회라는 소식을 들은 피난성도들은 베다니로 모이기 시작하였다. 불신동포들도 모여들었다. 당시 베다니야말로 탈출성도들의 만남의 장소, 피난민들의 상호 위로의

---

[11] 박영신, 「한국 기독교와 사회의식」, 기독교역사문화연구소 엮음, 『한국의 기독교』(서울: 겹보기, 2011), 234-235쪽에서 따옴.

집, 신앙의 자유를 얻은 감사의 기도의 제단, 혈육이산의 아픔을 달래는 몸부림의 안방, 조국의 분단의 분함을 호소하는 눈물의 밀실, 무너진 제단을 기필코 되찾아 수축하리라는 다락방이 되었다.12

기독교 신자든 아니든 1946년에 영락교회로 이름이 바뀐 베다니전도교회는 북에서 이주해 온 이들이 정기적으로 모여 예배보고 서로 위로하며 생활정보를 교환하는 곳이 되었다. 이북에서 이주하는 이들이 급증하자 교회는 급속도로 성장하기 시작하였다. 30여 명이 모여 창립한 이 교회는 1년 후인 1946년에 이미 장년교인이 962명, 유년 476명, 총 교인 1,438명에 이르는 대형교회가 되었으며,13 1947년 1월부터 2부로 예배를 드려야 했다.14 이도 부족하여 6백여 명이 들어갈 천막을 설치하였고 1947년에는 신자 2천 명이 넘는 교회가 되었다.15 고아원을 비롯하여 모자원, 경로원, 중고등학교 등도 이어서 설립되었다.16 한국 최초의 대형교회는 이처럼 남북분단, 6·25전쟁을 겪으며 나타났던 것이다.17 그래서 교회사학자 쉬어러 Roy E. Shearer는

---

12 영락교회, 『永樂敎會 三十五年史』(서울: 영락교회 홍보출판부, 1983), 63쪽.
13 윗글, 73쪽.
14 윗글, 74쪽.
15 윗글, 82~83쪽.
16 자세한 것은 윗글, 84~86쪽, 197~205쪽을 볼 것.
17 대형교회 가운데 하나인 충현교회도 이북에서 온 성직자 김창인이 서울 장충교회에서 설립하였고 부산 피난시절을 거쳐 서울 수복 후 인현동에서 피난민들이 세운 교회다. 자세한 것은 충현25년사편찬위원회, 『충현25년사』(서울: 충현교회, 1979), 47~52쪽을 볼 것.

이들을 "피난민들의 교회 refugees' churches"라고 부른다. 영락교회가 내놓은 교회사에도 암시하고 있지만, 쉬어러는 이 피난민들의 입교동기를 위로와 소속감의 필요라고 했다. 그렇다. 전쟁 전후에 고향을 떠나 피난지에서 살아야 하는 이들은 같은 고향(이북)을 가진 이들이 함께 모이는 곳을 찾게 마련이다.

다른 글에서 나는 이들의 입교 동기가 단순히 정신적 위로와 종교적 펠로우십만이 아니라는 점을 지적한 적이 있다. 6·25전쟁 전후에 기독교는 달러, 식량, 의약품, 의복, 텐트를 비롯한 엄청난 양의 구호물자를 미국을 비롯한 서방교회로부터 받았다. 당시 기독교세계봉사회, 기독교아동복리회, 상이군인신생회와 같은 기독교 자선기관의 구호활동이 활발하였다. 예를 들어 감리교는 1951년 말 12만 달러와 1억 4,385만 원을 받았고,18 1952년도에도 15억 3,850만 5,500원을 받았다.19 이 구호금에 더하여 감리교는 엄청난 양의 구호물자를 받았음은 물론이다. 최대 교파인 장로교를 비롯한 다른 교파가 받은 구호기금과 물자를 합하면 그 금액과 양은 이 몇 배가 넘을 것이다. 한국 기독교사학을 개척한 김양선이 남긴 교회 경영 자선단체에 관한 통계를 여기 따와 보자.

---

18 「理會報」 1952년 1월 1일자.
19 윗글, 1953년, 1월 1일자.

교회 경영 자선사업 단체[20]

고아원	560
노인관	25
모자원	49
영아관	14
나병환자원	25
폐병요양원	4
전쟁미망인 직업보도소	17
총 계	694

　우리는 여기서 영락교회를 비롯한 교회들과 세계기독교봉사회를 비롯한 기독교 자선단체들이 6·25전쟁 전후에 펼친 피난민 구호사업과 위로 활동을 아무리 높이 치켜 찬사를 하여도 부족하다. 다만 나는 6·25전쟁을 전후해서 나타나기 시작한 '피난민교회'에 몰려든 이들이 종교적 펠로우쉽과 정신적 위로를 찾아 들어온 입교 동기에 더하여, '빵과 천막'이 필요해서 교회로 들어온, 다시 말하면 물질적 입교 동기도 있다는 점을 주목하여야 한다고 주장한다. 이들의 이러한 입교와 이에 힘입은 교회성장은 천박한 물질주의가 교회 안에서 암처럼 퍼져 자라남을 뜻하기도 한다.

---

20 김양선, 『韓國基督敎解放十年史』(서울: 대한예수교장로회총회종교교육부, 1956), 130쪽.

특히 구호기금과 물자는 성직자들을 우대하고, 성직자들에 의해 지급되었다. 전국 각지의 성직자들은 구호금과 물자를 받기 위해 이를 통괄하는 서울의 교회지도자들을 찾아다니는 진풍경도 이때에 나타났다. 성직자들이 고아원이나 모자원 또는 양로원의 경영권을 따내 운영하는 등 사업가로 변신, 부자가 된 이들이 많았다. 바로 이 구호금과 구호물자 때문에 성직자들은 '세속화'되었고 교회는 더욱 천박한 이들의 집단이 되었다.21 영어 몇 마디 하는 성직자들은 약삭빠르게 미국교회에 선을 대고 구호기금과 구호물자를 통괄하게 되고, 이들은 이것을 자기 교회를 위해 먼저 사용하기도 하고 한국교회 안에서 영향력을 확대하는데 이용하기도 하였다. 이처럼 세속적 물량주의에 물들기 시작한 성직자들과 물질적 이유로 교회에 들어온 평신도들이 함께 하는 교회가 1960년대에 시작된 경제 제일주의 시대에 질보다 수량으로 신앙을 계산하는 조직으로 자리 잡게 된 것이다.

6·25전쟁 전후에 한국교회에 쏟아지는 구호금과 구호물자는 한국교회에서 자립과 독립정신을 빼앗아가고 '거지근성'을 깊게 심었다. 남을 도우려는 마음보다 받으려는 생각이 교회에 만연되었다. 당시 교회를 가까이에서 관찰한 장병욱의 글을 보자.

---

21 장병욱, 『6·25 共産南侵과 敎會』, 330~331쪽, 346~351쪽. 그리고 박명수, 「죽어야 산다」, 안재정 엮음, 『원로목사 목회행전』(서울: 도서출판 목양, 1997), 63~93쪽, 특히 76쪽을 볼 것.

교인들은 사랑보다 무언가 떨어지는 축복을 줄기차게 구하는 신앙심을 길러왔다. 기도도 어떻게 하면 도울까라는 것보다 무엇을 꼭 주십사로 변질되고 말았다. 그리하여 교인들은 무의식중에 기도란 무엇이든지 얻는 것이다. 그러니 떼를 써서라도 얻는다는 강박관념이 지배하여 처음부터 기도는 아예 아집과 올고불고 설치는 것으로 불야성을 이룬다. 그걸 누구보다도 많이 하고 응답 받는 자만이 능력자로 통하니 말이다. (……) 많은 교회들이 좀 더 내 교회, 큰 교회, 좀 더 많은 예산, 좀 더 풍요한 교회를 구하는 풍토가 생겼다. 말하자면 모든 것을 물량적으로만 보는 풍토 말이다. 이것도, 6·25의 거지근성이 가져다 준 결과이다.22

6·25전쟁으로 한국교회에 스며든 이 천박한 물량주의는 세속적 이익과 행복을 추구하게 되고, 가진 물질 때문에 교회와 교인들이 자기만족과 자기과시로 나아가게 하였다. 물질적으로 좀 낫다고 하여 교회 울타리 밖 가난한 이들을 '이웃'으로 보지 않고 불쌍한 동정의 대상으로 보는 우월감으로 이어질 수 있기 때문이다. 이런 마음가짐은 남쪽의 이웃 뿐만 아니라 북쪽의 동포를 대할 때도 비슷하다. 남북화해나 남북협력이 절박하게 요구되는 시대에 바람직하지 못한 현상이다.

---

22 장병욱, 『6·25 共産南侵과 敎會』, 347쪽에서 따옴.

2) 이기적 기복신앙

앞서 이야기 했지만, 이기적이고 현세적인 기복신앙은 천박한 물량주의와 함께 한국교회에 깊이 자리하고 있다. 이기적이고 현세적인 기복신앙의 뿌리를 우리의 무속신앙에서만 찾는 학자들과는 달리 종교학자 김흥수는 기복적 요소는 기독교를 포함한 한국의 여러 종교에서도 찾을 수 있는 것이라고 주장하며 다음과 같이 한국기독교를 진단하고 있다.

오늘날 한국 기독교의 과다한 기복적 성격은 1950년대 초의 한국전쟁과 그 후의 사회 위기의 환경 속에서 독특하게 형성된, 전통적 기독교의 두드러진 변형으로 볼 필요가 있다. (……) 전쟁은 자연 재해보다도 더 무서운 재난을 가져다주는 경우가 많았다. 전쟁은 인간의 물질적 성취뿐만 아니라 정신을 파괴하며 그로 인한 후유증이 장기간 지속된다. 잔혹한 전쟁은 인명과 재산은 물론 사회질서와 전통적인 규범, 퍼스낼리티 등 모든 것을 변형시키거나 붕괴시킴으로써 한국 사회를 총체적 파국상태로 빠뜨렸으며. (……) 이러한 전쟁의 충격 속에서 살아가야 하는 신도들은 국가나 가정 등 그들이 속한 공동체가 경제생활을 보장해 주지 못하는 상황에서 그들 자신의 생존 문제에 매달려야 했으며, 그 과정에서 삶의 기본적이고도 복잡한 문제들을 해결하도록 도와주는 새로운 형태의 의례와 신앙체계를 찾을 수밖에 없었을 것이다. 요컨대, 전쟁 체험은 전후에도 오랫동안 한국인들로 하여금 생존을 그들의 사유와 행동의 가장 기본적인 근거로 삼도록 했으며 전후의 교회에서는 그러한 생존 동기를 충족시

켜 주는 위로 및 현세 복락적인 요소가 강조되었다고 할 수 있다.23

다시 말해서 그레이슨James Huntley Grayson을 비롯한 나라 안팎의 여러 학자들이 한국기독교의 기복신앙을 우리의 전통 무속종교의 영향이라고 주장하고 있지만24 김흥수는 이와 견해를 달리 한다. 우리 전통의 샤머니즘의 영향을 부정하지 않지만, 그보다는 6·25전쟁이 한국교회 신자들로 하여금 기독교의 가르침 안에 스며있는 위로와 생존을 도울 현세적 기복 요소를 찾게 하고 교회가 이를 강조하게 되었다고 그는 주장하는 것이다.

기복신앙이라는 것은 병을 고치고 부귀를 추구하며 아이(남자)를 낳는 것 등 세속적 복을 축복으로 여기는 종교적 의식과 행위이다. 특히 6·25전쟁으로 가정이 파괴되고 수많은 이들이 죽어 갔으며 엄청난 물질적 손실을 가져 왔다. 깊은 상처와 아픔으로 삶 자체를 무상하게 여기는 때에 예수의 이름으로 병도 고치고 물질적 축복도 받으며 정신적 위로를 주는 기복신앙의 단순한 가르침은 전쟁 직후 맹위를 떨치게 된다. 이때 문선명의 통일교, 박태선의 신앙촌운동을 비롯한 크고 작은 신비주의 운동이 이 땅을 뒤덮었다.25 종말론적 도피주의든, 치

---

23 김흥수, 『한국전쟁과 기복신앙확산연구』(서울: 한국기독교역사연구소, 1999), 9~10쪽.
24 James Huntley Grayson, *Korea: A Religious History* (Oxford: Clarendon Press, 1989), 205쪽. 이에 대한 비판을 보기 위해서는 나의 서평을 볼 것. 『歷史學報』 137집(1993년 3월), 269~273쪽.

병治病을 내세우든, 삼박자 축복을 가르치든, 안수를 주된 의례로 삼든 한국교회에 만연한 현세적이고 이기적인 기복신앙은 분명 6·25전쟁이 야기한 정치적, 경제적, 사회적 변화에서 잉태되고 확산된 것이다.

이러한 기복신앙은 한국교회사에 흔히 '성령운동'으로 나타나고 빈번히 열리는 부흥회에서 강조된다.26 이를테면 1903년 8월 선교사 하디 R. Hardie 목사를 비롯한 일곱 선교사가 원산에 모여 함께 성경을 연구하고 기도하는 모임을 가졌다. 이를 계기로 하디는 조선선교를 하면서 교만한 태도로 지식만을 전하였을 뿐 조선 사람 누구도 감화시켜 회개와 중생의 체험을 하게 하지 못한 점을 스스로, 그리고 공중 앞에서 자복하고 회개하기 시작했다. 이것이 1907년 선교사 블레어 W. N. Blair, 리 Graham Lee, 그리고 조선교회 지도자인 목사 길선주가 주도하는 대부흥운동으로 번져 나가게 되었다. 그 후 1909년과 1910년에도 이른바 '백만구령운동 The Million Souls Movement'이 있었는데, 선교사와 조선 기독교인들이 각 곳에서 부흥회를 하면서 전도에 힘썼는가 하면, 목사 김익두와 이용도의 부흥운동도 있게 되었다. 이전의 부흥운동이 회개, 기도, 그리고 전도를 강조했다면 김익두와 이용도의 운동은 신비적 카리스마적 부흥사가 중심이 되어 기도와 안수로 병을 치유하는 것이 특징적이었다. 이것이 이른바 선교 초기에 있었던 회개

---

25 장병욱, 윗글, 355~357쪽과 김흥수, 『한국전쟁과 기복신앙확산연구』, 126~132쪽.
26 이에 대한 짧은 논의는 윤성범, 『기독교와 한국사상』(서울: 대한기독교서회, 1964), 185~198쪽을 볼 것.

운동, 성령운동이다.

김익두와 이용도의 신비운동과 치병운동이 전국 교회를 휩쓸게 되는 1930년대와 1940년대에 우리는 조선교회의 신앙적 방향이 변화하고 있음을 감지하게 된다. 윤리적 자각, 전도, 사랑의 사회의식, 성경 공부 중심의 사경회 성격을 띤 이전의 부흥운동과는 달리 예수를 믿으면 병도 고치고 세상에서도 축복 받는다는 현세적 기복신앙이 서서히 뿌리 내리기 시작한 것이다. 예수의 삶처럼 스스로 고난에 동참하고 희생과 봉사를 통해 이웃과 더불어 하는 삶을 강조하며 죽은 자를, 억압받는 자를, 연약한 자를 먼저 보살피던 교회는 십자가보다는 오늘, 이 세상의 나의 축복을 갈망하는 현세적, 물질적, 이기적 기복신앙의 집단이 되고 있었다. 앞서 말했듯이 6·25전쟁으로 이러한 이기적 기복신앙이 성령운동이란 옷을 입고 한국교회를 휘젓고 다니게 되었다.

한국기독교는 세속적 경제제일주의에 식민지화되었다고 사회학자 박영신이 지적했듯이[27], 오늘의 한국교회는 목사를 세속적 축복의 중재자로 간주하고 목사는 신자들에게 물질적 복을 빌어줄 수 있다는 것을 강조하고 있다. 이러한 현상에 대하여 김흥수는 이렇게 말하고 있다.

---

27 경제주의에 식민화된 교회의 모습을 보기 위해서는 박영신의 「한국 기독교와 사회의식」을 꼼꼼히 읽을 것.

위로 및 기복적 신앙은 (전쟁 이후에 확연히 나타났지만 - 글쓴이) 1970년대 이후에는 한국기독교의 지배적인 종교현상으로 등장하였다. 전쟁의 여파와 산업사회 속에서 살고 있는 사람들은 생활요구와 정신적 요구를 충족시키고 싶어 했으며 교역자들은 그들의 요구를 충족시켜 줌으로써 그들을 교회 안으로 끌어들여 교역자 자신들의 요구인 교회성장 동기를 성취하려고 노력하였다. (……) 신도들과 교역자들의 요구가 충족되는 과정에서 자연스럽게 현세적 복락에 몰두하는 기복신앙이 형성되었으며, 그것은 기독교인들에게 개인주의적 규범과 부흥회 스타일의 종교의식, 그리고 좋으신 하나님의 교리를 제공했다. 그리고 이 세 요소들이 서로 연결되어 하나의 기복적 종교체계를 형성했다.28

그렇다. 앞에서 논의한 천박한 물량주의와 기복신앙이 교묘하게 혼합된 모습이 대다수의 기독교 신자들에게 나타나 있다. 모든 것을 물량위주로 평가한다. 교회성장도 정신 또는 신앙의 질보다도 교인 수와 헌금의 액수로 측정한다. 영적인 기쁨보다도 사업번창이나 병 고침이 더 큰 축복으로 간주된다. 이러한 모습은 성경의 가르침에 따라 민족의 삶을 변혁시키려 한 구한말과 일제강점기의 기독교인의 모습과는 너무나 다르다. 자기 가족이나 자기 교회 울타리 밖의 이웃에게 관심이 없다. 이웃과 사회, 그리고 역사를 위한 사랑, 희생, 그리고 봉사의 가르침은 쇠퇴해 가고 이웃 사랑은 자기 가족, 자기 교회 안의 이웃

---

28 김흥수의 학위논문, 「한국전쟁의 충격과 기독교회의 기복신앙 확산에 관한 연구」 (서울대 종교학과, 1998), 158~159쪽에서 따옴.

사랑으로 좁혀져 가고 있다. 기복신앙이 갖고 있는 이러한 현세적이고 이기적인 요소는 북한 동포들을 이웃으로 보아야 하는 남북협력시대의 도래를 더디게 할 수 있다.

3) 전투적 반공주의

기독교 윤리학자 정하은은 일찍이 다음과 같이 말한 적이 있다.

> 6·25동란으로 우리의 마음속에 반공세력은 정치적 정통세력으로 받아들이게 되었고, 반공, 그것이 바로 국민의 정치의식과 가치관에 부합되는 정통적 사고방식임과 동시에 행동방식이라고 믿게 되었다. (……) 그리하여 반공이라는 것이 민주주의를 수호하기 위한 방편이라기보다도 민주주의의 상위에 놓이게 되었다. (……) 민주주의를 반사적 요건으로 하고 반공을 본질적 요건으로 하여 한국 정치사상의 정통성이 구축되어 간 것은 6·25를 기점으로 해서였다.29

앞서 논의한 것처럼, 한국기독교는 일제강점기 후반에 사회주의를 비롯한 좌파 사상과 운동에 거리를 두기 시작했지만, 해방정국에서 보듯이 기독교 지도자와 신자 가운데 수많은 좌파 인사들이 많았다. 그러나 미국이 주둔한 남쪽에서는 이승만을 비롯한 기독교계 인물들이

---

29 정하은, 「6·25에서 본 한국정치의 정통성」, 『新像』 4권 제2호(1971년 여름), 9~14쪽. 특히 10~12쪽을 볼 것.

득세하고 친기독교적 사회분위기로 되면서 기독교 안의 좌경세력은 약화되어 갔다. 특히 김일성 세력에게 감시와 탄압을 받던 이북의 기독교인들이 대거 남하하게 되자 기독교는 반공의 종교공동체로 변화되었다. 정하은이 말한 것처럼, 6·25전쟁으로 북쪽에서 엄청난 사람들이 남으로 피난하였는데 이들이 반공의 맨 앞줄에 서게 되고 반공의 깃발을 높이 쳐든 이승만 정권과 이념적으로, 정치적으로 연대하게 되었다. 이때 교회에는 '공산주의=반기독교,' '기독교=반공'의 등식이 깊이 뿌리내리게 되었다.

특히 6·25전쟁 중 임시수도 부산에서 있었던 이른바 '기독교와 용공정책 팸플릿사건'을 살펴보자. 이것은 기독교와 이승만 정부와의 유착을 보여주는 사건이기도 하지만, 반공주의가 어떻게 교회 안에 깊게 뿌리내렸는지 보여주는 사건이다. 1951년 피난지 부산에서 이승만은 목사 송상석, 목사이자 국회의원인 이규갑, 평신도 지도자이자 국회의원인 황성수를 그의 임시관저로 불렀다. 그는 한국교회협의회Korean National Council of Churches : KNCC와 연대하고 있는 세계교회협의회 World Council of Churches : WCC의 용공정책에 관한 팸플릿을 이들에게 주면서 한국교회도 세계교회의 용공적 움직임에 주목하고 대처해야 한다고 주문했다. 이들은 이를 번역하여 22명의 국회의원의 서명을 받아 교계와 정계에 배포하였다.30 우리가 이 사건을 주목하고자 하는

---

30 자세한 논의는 나의 영문 저서, *Protestantism and Politics in Korea*, 일곱째 마당을 볼 것.

것은 집권세력과 기독교 지도자들이 연합하여 반공운동을 펼쳤다는 점이다. 이미 교회는 6·25전쟁을 '악마와 천사 간의 대결'로 인식하였고 공산당 퇴치전쟁을 십자군 전쟁에 비유했다. 그래서 이승만의 북진통일 정책을 교회가 지지하게 된 것이다.31 종교학자 강인철은 6·25전쟁을 거치면서 한국기독교가 '우익의 탁월한 상징'으로 떠오르게 되었다고 주장할 정도다.32

한국기독교 보수신학의 대부 박형룡은 교회에 '붉은 세력'이 침투하고 있다고 세계교회협의회 WCC를 겨냥하면서 기독교와 공산주의는 함께 자리할 수 없다고 설파했다.33 미국의 민권운동가 마틴 루터 킹 Martin Luther King Jr. 목사를 공산주의자들과 결탁하여 방화와 폭동을 일으켰다 하고, 월남전을 반대한 이른바 반전가수 조안 바에즈 Joan Baez를 '유명한 공산주의자'로 취급한 미국의 극우 반공단체나 잡지들을 박형룡은 즐겨 읽고 또 이러한 미국의 극우 반공주의의 흐름을 한국기독교, 특히 보수적 교회에 줄기차게 소개하였다.34 그는 고려신학

---

31 강인철, 『한국기독교회와 국가·시민사회, 1945~1960』(서울: 한국기독교역사연구소, 1996), 270~272쪽을 볼 것.
32 윗글, 272쪽.
33 박형룡, 『朴亨龍博士著作全集』 제9권(서울: 한국기독교교육연구원, 1981), 87~90쪽을 볼 것. 이와 함께 박정신, 「우리 지성사에서 본 신학자 박형룡」, 『한국개혁신학』 21권(2007), 48~66쪽도 볼 것.
34 특히 윗글, 107, 117쪽을 볼 것. 박형룡을 비롯한 한국기독교 보수파 지도자들과 미국의 극우파 기독교 지도자인 칼 맥킨타이어(Carl McIntire)와의 관계에 대해서는 장동민, 『박형룡의 신학연구』(서울: 한국기독교역사연구소, 1998), 383~388쪽을 볼 것.

교, 장로회신학교, 그리고 총회신학교의 신학적 토대를 닦고 수많은 목회자들을 배출하였다. 그의 제자들이 한국의 최대 교파인 장로회 교회에 다니는 이들에게 이러한 전투적 반공주의를 주입시켜 온 것이다. 그의 제자들은 전국 방방곡곡에 있는 교회에서 공산주의자들은 적그리스도라고 가르치게 되었다.35

보수적이고 반공적인 한국기독교는 반공을 '국시'로 삼은 남한 정부와 친화적 관계를 가지게 된다. 이승만의 권위주의적 정권, 박정희, 전두환, 노태우로 이어지는 군사정권은 반공적이고 친정권적인 보수파들의 활동을 적극적으로 돕고, 이에 보답이라도 하듯이 보수파 교회들은 공산주의자들이 그리스도의 진정한 적이고 공산주의와 싸우는 정권은 하나님의 뜻에 따라 세워졌다고 적극적으로 지지하고 나섰다. '연례국가조찬기도회'와 같이 정치지도자들과 기독교지도자들이 고급호텔에 모여 독재정권을 위해 기도하고 설교한 것은 너무도 잘 알려진 행사이다.36

짧게 말해서, 반공문제에 이렇게도 이데올로기적이었던 교회는 그 외에는 반이데올로기적이었다. 그들에게 반공은 체험에서 나와 종교적 신념의 중요한 부분이 되었기 때문에 종교적인 것이지 이데올로기가

---

35 그의 제자이자 크리스천 저널리스트인 채기은이 이의 좋은 보기이다. 채기은, 『한국교회사』(서울: 예수교문서선교회, 1977), 225쪽을 볼 것.
36 나의 영문 저서, *Protestantism and Politics in Korea*의 둘째 마당, 특히 "Late Fundamentalism in South Korea"와 여섯째 마당, 특히 "The Church in the South"를 볼 것.

아니었다. 반공문제를 제외하고는 한국기독교, 특히 절대 다수를 차지하는 보수적 교회들은 사회, 정치문제에 무관심하다. 이러한 전투적 반공주의 또한 남북협력시대 남북 화해의 새 세상을 열기 위해서는 교회 안팎에서 심각하게 논의하여야 할 문제다.

제8강

오늘의 한국기독교:
그 꼴과 결의 사회사

제8강. 오늘의 한국기독교 : 그 꼴과 결의 사회사

　한국교회의 세 특성, 즉 천박한 물량주의, 이기적 기복신앙, 그리고 전투적 반공주의는 한국 기독교인들이 이 땅에서 여러 종교적, 문화적, 사회적, 그리고 정치적 경험을 겪으면서 가지게 된 신앙 양태다. 그러나 이러한 특성은 분명 6·25전쟁을 겪으면서 더욱 형질화 되었다. 특히 1960년대와 70년대 이른바 개발독재시대에 세속사회의 개발과 성장의 경제주의에 영향을 받아 믿음의 질을 생각하기보다는 모든 것을 수량화해서 성장도 수치로 믿음도 수치로 종교생활 모두를 수치로 환산하는 종교집단이 되었다. 천박한 물량주의는 자기만을, 자기 교회만을 생각하고 그 안에 안주하여 자만에 빠지기 쉽다. 특히 이 물량주의와 6·25전쟁을 겪으며 확산된 이기적 기복신앙은 한국기독교를 사회의 여러 문제를 외면하고 자신의 생존과 행복만을 추구하는 편협한 종교로 만들었다. 보편의 가치를 추구한다 하면서 '탈 이데올로기'로

---

* 이 강좌는 나의 다음 글에 크게 기대고 있다. 박정신, 『한국기독교 읽기』(서울: 다락방, 2004), 197~215쪽.

치장된 비사회화로 이어져 교회는 사회와 고립된 집단이 되었다. 그럼에도 불구하고 한국기독교는 전투적이라 할 만큼 철저한 반공주의를 내세운다. 분단과 6·25전쟁을 겪으며, 그리고 '반공을 국시'로 삼은 군사독재정권을 거치며 깊게 뿌리내린 반공주의는 교회의 교리 이상의 자리에 앉아 있다.

특히 1960년대와 1970년대 개발시대에 기독교는 '개발과 성장'을 교회 안으로 품고 들어와 섬기기 시작하였다. 강남 개발의 바람과 더불어 대형교회들이 강남 이곳저곳에 들어선 것도 다 이즈음이다. 교회 안에 물량주의가 넘쳐났다. 교회 건물이 얼마나 큰가, 헌금이 얼마나 되는가, 교인의 수는 얼마인가, 교회 묘지는 있는가, 교회 수양관은 있는가 하는 것이 요즈음 교회 지도자들의 주 관심사다. 이처럼 교회가 성장에 골몰하면서 세속적으로, 세상 사람들처럼 '교회를 위해서'라며 관계 공무원들을 회유하여 '그린벨트' 지역에 묘지를 만들고 수양관을 지어댔다. 환경을 파괴하는데 교회가 앞장선 셈이다.

이렇게 '내 교회'의 성장과 확장을 해 가면서 교회는 '빛과 소금'의 역할을 전혀 하지 못했다. 독재정권에 저항하며 시민과 학생들이 피를 토하고 죽어갈 때도 교회지도자들은 기독교 정권이라며 이승만 독재체제를 지원하였다. 세속권력과 짝하여 사는 것이 얼마나 좋았던지 4·19혁명이 일어나도 자기성찰은커녕 함께 잠자던 그 정권의 몰락을 안타까워했다. 독재정권과 짝했음을 회개하지 않았기 때문에 한국기독교는 이후에 들어선 군사독재정권과 함께 호화호텔에서 구국기도회니 조찬기도회니 하며 독재자들을 칭송하였던 것이다.1 그래서 나는 다음과 같이 강론한 적이 있다. 좀 길지만 여기에 따온다.

> 그렇습니다. 4·19혁명으로 한국교회는 하나님 앞에 무릎 꿇고 불의와 부패의 독재자와 동침한 음란죄를 고백하지 않았습니다. 하늘나라 사람이 세상권력과 짝하여 놀아난 간음죄를 회개하지 않았습니다. 오히려 그 단잠의 달콤함, 그 동침의 짜릿함을 그리워하며 잠을 깨우는 이들을 원망하는 듯 했습니다. 4·19혁명 직후 한국교회가 회개하지 않았기 때문에 그 이후 펼쳐진 30여 년의 군사독재시대를 지나오면서 또다시 그 불의, 그 폭력의 세력과 호화 호텔에 함께 앉아 구국기도회니 조찬기도회니 판을 벌여 그들을 위해 기도하고 찬송했고 또 위대한 지도자라고 치켜세운 것입니다. (……)
> 한국기독교는 학생들이 민주다 인권이다 외치며 감옥에 가 고문당하고 삼청교육대에 끌려가 병신이 되어도, 아니 '빛의 고을' 광주에서 '민주와 인권의 피'를 토하고 사람이 죽어가도 극히 소수를 제외하고는 침묵을 지켰습니다.2

그야말로 '예수'나 '예수 가르침'이 없는 세상의 가치와 가르침이 교회에 가득 찬 까닭이다. 예수공동체라는 교회와 세속사회가 전혀 다른 세상이 아니고 전혀 구별되지 않게 된 것이다. 세상이 추구하는 가치

---

1 해방 후 한국교회와 정치권력과의 관계를 논한 나의 영문 저서, *Protestantism and Politics in Korea*, 마지막 마당을 볼 것.
2 1997년 4월 19일, 기독교방송에서 내가 한 4·19혁명 기념 강론의 일부다.

나 질서가 교회 안으로 고스란히 들어왔다. 그 자리에 '예수'나 '예수의 가르침'이 함께 할 수 없게 되었다. 예수는 없고 헤롯의 질서에 안주하는 공룡의 조직만이 있는 셈이다. 이 세상에 살고 있지만 예수 믿는 이들은 하나님의 나라 시민으로서 그 나라의 법도 대로 살아야하는데, 이 세상의 가치를 쫓아만 가기 때문이다. 그렇다, 이 나라의 예수쟁이들은 세상과 구별되지 않는 삶, 세상과 긴장 없는 삶을 꾸리고 있다.

대형교회들은 세상 기업처럼 운영되고 세상 기업처럼 대를 이어 자식에게 넘겨진다. 아니 세상 기업은 세상의 법에 따라 정부와 여러 기관의 간섭과 감시를 받는다. 그러나 교회는 그러한 간섭과 감시로부터 자유롭다. 그야말로 자기네 마음대로 운영하고 세습한다. 거대한 기업을, 엄청난 재산을 남에게는 줄 수 없다는 듯이 말이다.3 대형교회뿐만이 아니다. 경제가 어렵다는데 농어촌교회를 빼고 거의 모든 교회는 다른 세상 단체와는 달리 경제적으로 풍요롭게 운영된다. 옛날과 달리 요즈음 목사가 된다는 것은 그렇게 힘든 결단을 필요로 하지 않는다. 교회목사는 훌륭하고 안정된 직업이라는 것이 이미 널리 알려진 사실이다. 신학대학원에 입학하려면 재수, 삼수를 하여야 할 정도다. 신학대학원 입학준비학원이 생겨난 것도 한국기독교만이 세계에 내어놓을

---

3 사실 이 땅의 교회는 밖으로부터 재정조사도 받지 않는다. 세금도 내지 않는다. 목사들도 수입에 따른 세금을 내지 않는다. 세금을 내지 않고도 사회적, 정치적 발언은 큰 목소리로 한다. 그래서 세상 사람들은 기독교를 '개독교'라 하고 목사를 '먹사'라고 비아냥댄다.

수 있는 것이다. 이렇게 하여도 이름 있는 큰 교단 신학교에 들어가지 못하면 군소교단이나 무허가 신학교에 들어가 적당히 시간만 보내면 목사 행세를 할 수 있다. 전세 내어 연 교회가 잘되면 몇 년 안에 자립하여 수익을 낼 수 있다. '청년실업'이니 '이태백'(이십대 태반이 백수)이니 '삼팔선'(삼십 팔세 퇴출)이니 '사오정'(사십 오세 정년)이니 '오륙도'(오십 육세까지 일하면 월급도둑)이니 하는데, 교회개척 잘하면 평생직장이고 세습 가능한 기업이 된다.

많은 목사들은 교회의 돈을 마음대로 쓴다. 특히 대형교회 목사들이 그렇다. 교회 돈으로 호텔에 가고 교회 돈으로 고급 승용차를 타고 다니며 교회 돈으로 골프도 친다. 문제가 되면 교회 재정장부를 파기하기도 하고 필요하면 교회 돈으로 부동산에 투자도 마음대로 한다. 교회에서 목사들은 '예수'같이 섬김을 받는다. 예수는 한번도 섬김을 받지 못하고 오는 순간부터 하늘에 오르는 순간까지 겸손과 섬김의 삶을 꾸렸는데도 말이다.

이렇게 공룡과 같은 한국교회에는 교파싸움 교권싸움이 넘쳐난다. 교권을 가진다는 것이 엄청난 이권과 영향력을 가지게 되었으니 싸움판이 세상 정치판보다 더 치열하고 더 더럽다. 교단장이 되기 위해 또는 연합기관의 대표가 되기 위해 돈 봉투가 공공연히 돌아다닌다. 이들이 이처럼 부패하여 어떤 교단에서는 제비뽑기를 한다. 연합기관 대표선출에 돈이 돌았다고 교계 신문들이 야단이다. 이 거대한 공룡 한국교회는 왜 중세의 로마교회처럼 교권을 잡으려고 이토록 더럽고 타락한 행태를 보이는가? 그것은 한마디로 교권의 자리가 이권의 자리가 되었기 때문이다. 교단마다 신학교도 있고 대학도 있으며 신문도 가지고 있다. 기독교는 방송국도 있고 찬송가공의회도 성서공회도 있다. 일자리도 많고 이권도 많다. 그래서 싸운다. 싸우다가 안 되면 '신학'이나 '교리'를 내걸고 분열하는 것이다.

거대한 권력을 가지게 된 한국교회 지도자들은 조그마한 차이도 인정하지 않는다. 조금만 달라도 정적을 거세하듯 단죄하여 '이단'의 딱지를 붙인다. 하나님의 자리에 앉은 듯이 말이다. 이용도도 이단이 되었고 김재준도 이단이 되어 버린 적이 있다. 이단이었다가 큰 교회가 되면 정통이 되는 경우도 있다. 교회 분열도 작은 다름을 인정하지 못한 데서 기인한다. 유대교가 율법적이고, 유교가 교조주의가 되어 상대를 정죄하고 이단이라고 박해한 것처럼 말이다.

교회지도자만 문제가 있는 것이 아니다. 교인들도 문제다. 하나님 나라의 가치를 추구하지 않고 '헤롯의 세상' 가치를 추구하는 무리가 되었다. 하나님의 나라를 얻는 것이 축복이라 생각지 않고 '헤롯의 세상'에서의 출세와 부, 명예, 그리고 권력을 축복이라 믿는다. 그래서 이른바 명문 대학에 자녀가 입학하도록 기도하고 소원헌금을 하고, 입학하면 감사헌금을 한다. 세상 사람들이 옛날에 나무 아래다 물을 떠다 놓고, 아들 딸 잘 되라고 빌었던 것처럼 말이다. 크리스천 정치인들은 더 도덕적이고 더 깨끗한가? 장로나 집사 국회의원들은 이른바 '차떼기'니 '책떼기'니 하는 부정한 정치자금 받지 않았나? 크리스천

관리들은 뇌물에서 자유로운가? 크리스천 정치인들은 선거 때 정말 '그리스도인답게' 행동하고 운동하는가? 크리스천 정치가와 관리들, 이 종교와 관계없는 정치가와 관리들 사이에 구별되는 것이 있는가? 아니면 "현실이 그렇다"며 예수 믿지 않는 정치가나 관리와 같거나 비슷하게 행동하고 있지는 않은가? 기독교대학과 그렇지 않은 대학 사이에 무슨 차이가 있는가? 기독교대학 교수와 다른 대학의 교수 사이에는 어떤 구별이 있는가? 교회 안 세상과 교회 밖 세상이 구분이 되지 않는다. 둘 사이에는 아무런 긴장이 없다. 이렇게 된 교회는 역동성을 가지지 못한다. 사회에 대해 윤리적 발언도 못한다. 아무도 교회의 발언에 귀를 기울이지 않기 때문이다.

요즈음 대형교회, 부자교회의 담임목사들이 자신들의 아들을 목사로 훈련시켜 그 큰 교회를 대물림하여서 교회 밖에서도 말이 많다.[4] 그런데 얼마 전 강남의 대형교회인 '사랑의 교회'가 담임목사 자리를 대물림하지 않을 뿐만 아니라 정년도 5년이나 남긴 상태에서 젊은 목사에게 넘겨주었다 해서 장안의 화제다. 상식 있고 정상적인 사회나 교회에서는 상식이고 정상적인 것으로 당연시 할 이 '옥한흠 · 오정현 이야기'가 엄청난 '한 사건'으로 등장한 것이다. 그만큼 한국기독교가 중병을 앓고 있다는 증세다.

그래서 교회갱신이니 교회개혁이니 하는 말들이 교회 안팎에서 나

---

4 자세한 것은 『기독교사상』 533호(2003년 5월호) 특집 「가는 세대의 추함과 오는 세대의 위기」를 읽을 것.

온다. '사랑의 교회'를 이어받은 오정현 목사는 한국교회가 일반인들에게 감동을 주지 못하고 오히려 손가락질을 받고 있다고 말하면서 "한국교회의 위기"라고 진단하고 있다. 그는 교회의 "도덕적 주도권 회복"을 하자고 제언한다.5 '멋지게 은퇴'한 옥한흠 목사는 "거룩함을 잃어버린 한국교회는 세속화에 빠져 자기결단과 헌신을 결여한 채 감성적인 찬송과 '주여'만을 부르짖고 있다"고 한국교회를 꼬집었다. 그는 "교인의 눈치를 보고 인기에 영합하거나 종종 하나님을 이용해 돈과 명예를 얻으려는 거짓 선지자들을 보게 된다"고 교회지도자들을 맹타하였다.6

민족분단의 시대에, 남과 북이 적대하며 살던 시대를 겪고 있는 한국기독교의 또 하나의 과제는 어떻게 민족통일의 시대, 남과 북이 화해하며 함께 살게 될 시대를 맞을까 준비하는 것이다. 전투적 반공주의의 생각과 옷을 어떻게 벗어던질까 고민하여야 한다. 2000년 김대중 대통령과 김정일 위원장의 평양회동으로, 그리고 2007년 노무현 대통령과 김정일 위원장의 평양회동으로 남북은 서로의 다름을 인정하고 어떻게 하면 화해할 수 있을까 고민하는 역사가 열렸다. 2017년 집권한 문재인 대통령은 6·15 선언, 10·4 선언의 정신을 계승해 한반도의 평화를 실현하고자 한다. 한국교회도 이 땅에 존재하므로 당연히 이 땅의 역사에 참여하여야 한다. 그것은 오랫동안 '교리처럼' 간직해

---

5 「동아일보」 2004년 1월 16일자.
6 「동아일보」 2004년 2월 13일자.

온 반북한의 전투적 반공주의를 예수의 초월성, 기독교의 화해정신으로 극복해 나가야 한다. 이 일에 교회지도자들이 앞장서야 한다.

우리는 기독교의 갱신을 이야기한다. 그것은 기독교가 이 땅에서 할 일이 있고, 그리고 이 종교공동체에 아직도 소망을 가지고 있기 때문이다. 나는 이 가름을 사회학자요 목사인 박영신이 다음과 같이 기도하며 한국교회의 회개를 울부짖는 글로써 마감하려 한다.

이 땅에서
우리가 그리스도인으로
주님을 참되게 섬기기보다는
주의 이름을 걸고
다른 것을 섬기고 있는
우리의 행태를 고백합니다.

이 잘못을 잘못으로 책망하지 않고 있는
이 땅의 교회
그 교회가 저지르고 있는
이 무시무시한 잘못을 고백합니다.

'나 이외에 다른 것을 섬기지 말라' 하신
계명을 무시하고

물질을 사랑하고
물질을 섬기고 있는
죄를 고백합니다.

바알 신과 맞서 싸우지는 않고
처음부터 내놓고 따르는
우리의 이 찌그러지고 뒤틀어진
자화상을 봅니다.

오늘의 물질적 풍요를 뽐내며
'소비'를 일삼고는
주님께서 살아가신
근검, 절제의 삶의 방식을
비현실적이라 내동댕이치고 있는
이 땅의 교인
이 땅의 교회가 저지르고 있는
교만한 생각을 고백하고
말씀의 왜곡을 고백합니다.

진리를 외치는 사람은 멀리하고
타락된 눈에는 차마 보이지 않는

그 '참 진리'를 가르치는 사람을

매도하고 돌팔매질한

우리의 삶을 뉘우칩니다.

타락된 눈에 잘 보이는

무슨 무슨 세상축복을 미끼로

유혹하는 곳에는

물밀 듯이 모여들고 있는

오늘의 정황을

벗어나기는커녕

이를 답습하고 있는

우리들의 죄를 고백합니다.

주님

우리들의 이 '왜곡된 신앙'과

사이비 '축복주의'의 저질스러움을

회개합니다.

마치 중세기의 교회가

진리를 외면한 채

돈으로 구원을 사고팔면서

물질적 치부와 치장을 일삼으며

화려한 세속의 길에 빠졌던

지난날의 과오를 깡그리 잊은 듯

이 땅의 교회들이

저 '중세의 타락한 교회'의 전철을

밟고나 있지 않은지

오늘의 우리가 그 세속의 늪에

빠져들고 있지나 않은지

오늘 우리들의 모습을

되돌아 볼 수 있기 원합니다.7

우리에게 널리 알려진 『문명의 충돌』의 저자 헌팅턴까지도 세계문명의 충돌을 논의하면서 한국기독교를 여러 번 언급할 정도다.8 그만큼 한국기독교는 세계 사람들의 눈을 끌 정도로 놀라운 성장의 역사를 연출하고 거대한 종교공동체가 되었다. 작은 나라 한국의 기독교가, 그것도 선교 한 세기 정도밖에 되지 않은 한국의 기독교가 미국 다음으로, 그러니까 세계에서 두 번째로 많은 선교사를 파송하고 있다.9 우리가 앞서 살핀 바와 같이 한 세기라는 짧은 기간에 세계선교

---

7 박영신, 『가난한 영혼을 위한 노래』 I, II(서울: 섬김과 나눔, 1995) 가운데 「총체적 신앙인으로」, 1권 51~63쪽, 52~56쪽을 따옴.
8 새뮤얼 헌팅턴(이희재 옮김), 『문명의 충돌』(서울: 김영사, 2001), 여러 곳을 볼 것.

사에 유례를 찾을 수 없는 놀라운 성장을 연출한 것도 한국기독교다. 이 성장의 과정에서 신분 차별의 유교질서와 긴장하면서 역동적 종교 공동체로서 개혁적인 조선 사람들을 껴안았고, 일제강점기에는 소망의 종교공동체로 해방을 꿈꾸는 민족세력과 함께하였다.

해방, 분단, 그리고 6·25전쟁을 거쳐 남북이 적대적 관계에 들어서게 되었을 때 남한의 기독교는 세속권력과 짝하여 반북 종교공동체가 되었고, 그 과정에서 '세상화' 되었다. 교회가 '거룩함'을 잃게 되어 공룡과 같은 거대한 종교공동체가 되었으나 무기력하기 짝이 없는 무리의 공동체가 되었다. 나는 이러한 기독교를 세상에 고발하려고 이 자리에 선 것이 아니다. 반대로 이 한국기독교가 몸은 커졌으나 왜 이렇게 역동성을 상실한 종교가 되었는지를 진단하고 그 갱생의 길을 찾고자 고민하며 이 자리에 섰다. 여덟 차례의 강연을 하는 과정에서 암시하였지만, 한국기독교의 갱신이나 개혁의 처방전은 '1세기 팔레스타인의 예수 운동'과 오늘의 한국기독교를 견주면, 그리고 19세기 말 이 땅에 뿌리내리고 가지쳐 뻗어나가기 시작할 때의 기독교, 그러니까 우리의 초대교회와 '개독교'라고 비판받고 있는 오늘의 기독교를 비교하면 나올 것이라는 역사학적 전망과 확신이 있었다. 이러한 시각으로 나는 한국기독교사를 새로이 이해하고자 하였다.

한국기독교의 무기력은 바로 1세기 팔레스타인에서 나서 '예수 운

---

9 「기독신문」 2004년 1월 28일자.

동'을 펼친 그 예수의 가르침을 잃어버린 데서 잉태되었다고 나는 본다. 예루살렘으로 상징되는 헤롯의 질서(나는 이것이 세상질서를 상징하고 있다고 본다)에서 안티테제Antithese로서의 예수, 헤롯 세상의 '앞섬과 군림'의 가치에 대한 안티테제로서의 예수의 종 됨과 섬김을 오늘의 한국기독교가 상실하였다고 나는 진단한다. 달리 말하면, 거대한 종교로 성장한 한국기독교는 중세 로마교회의 웅장함, 화려함, 그리고 풍요를 바라보고 있다고 나는 생각한다. 1세기 팔레스타인의 가난한 예수, 초라한 예수, 핍박받는 예수, 가시면류관을 쓴 예수를 바라보기보다 로마교회의 성직자들이 뽐내며 자랑하던 그 권위와 권력을 오늘의 한국기독교 지도자들은 그리워하며 기리고 있다. 여기서 한국기독교의 무기력이 독버섯처럼 자랐다고 나는 지적하고자 한다. 하나님의 외아들 예수가 이 세상에 올 때 로마나 예루살렘이 아니라 베들레헴을 선택하여 온 그 참뜻을 헤아리면서 나는 한국기독교사를 새롭게 읽고자 한 것이다.

그렇기에 나는 한국기독교를 향해 1세기 팔레스타인의 예수로 돌아가라고 외치고 싶었다. 한국기독교 지도자들과 이 땅의 크리스천들을 향해 1세기 '예수 운동꾼들'의 삶과 가르침으로 돌아가라고 감히 소리치고 싶었다. 군림, 웅장, 풍요와 같은 로마제국이나 예루살렘의 가치를 좇지 말고 섬김, 종 됨, 근검, 절약의 가치를 추구하라고 말하고 싶었다. 예수의 '하나님 나라'와는 거리가 먼 이 세상의 것들을 버리라고 외치고 싶었다. 으리으리한 예배당보다, 공원같이 큰 교회묘지보다,

호텔과 같은 교회수양관이나 수련원보다, 그 웅장하고 화려한 교회시설 울타리 밖에서 굶주리는 사람들, 헐벗은 이들, 고통 받는 사람들, 과부들과 고아들, 외로운 노인들을 생각하자고 외치는 한국기독교사를 읽고 싶었다. 큰 교회 가졌다고 으스대거나 뻐기지 말고 '제자들의 발'을 씻긴 예수의 종 됨, 섬김, 그리고 겸손의 삶을 본받자고 울부짖고 싶었다.10 그래야만 교회와 세상이 구분되고, 그래야만 둘 사이에 긴장이 생겨나고, 그래야만 교회가 다시 역동적인 종교공동체가 될 수 있다는 오래된 나의 굳은 믿음의 자기 성찰적 외침이었다.

우리는 또한 19세기 말 처음으로 예수의 가르침을 받아 기독교로 개종한 이 땅의 초대교인들의 삶에서 한국기독교 갱생의 지혜를 얻게 된다. 봉건적 유교사회에서 누구보다도 먼저 그 차별의 굴레를 박차고 나와 새로운 종교공동체를 만든 이들로부터 경제적 차이, 신분의 다름, 교육수준의 차이, 남녀의 구분, 지역의 구분과 차별에 맞서고 넘어서려는 오늘의 한국 기독교공동체를 만드는 지혜를 배우자고 나는 외

---

10 내가 오래도록 가르치던 오클라호마 주립대학교가 있는 스틸워터라는 곳과 가까운 털사라는 도시에 사는 슬래터리(Edward Slattery) 주교는 크리스마스와 같은 기독교 명절 때마다 교도소를 찾아가 죄수들의 발을 씻어준다. 한 신문사 기자와의 인터뷰에서 그는 이렇게 말했다. "기독교의 본질은 종 됨이다. 가장 높으신 이가 종이고, 통치자가 종이고, 종이 통치자다"(The essence of Christianity is servanthood …… It is the servant who is the highest, the servant who is the ruler and the ruler the servant.), *Tulsa World* 1997년 3월 30일자. 종 됨, 섬김, 겸손이라는 기독교의 가르침의 오묘한 역동성과 혁명성을 우리는 여기에서 읽는다. 낮아짐으로, 종 됨으로 군림, 으스댐, 앞섬의 세상질서를 뒤집는 이 가르침, 이것이 바로 기독교 정신의 패러독스가 아니겠는가!

쳤다. 그들은 유교사회에서 살고 유교사회의 가치와 가르침을 따라 삶을 꾸리면서도 그 질서에 안주하고 출세하고자 하지 않았다. 그들에게서 배워서 오늘의 한국기독교는 천민자본주의라고 불리는 우리 사회가 가르치고 있는 군림, 경쟁, 빼김의 가치와 가르침에 '아니오'라고 말하여야 한다. 예루살렘 질서에 맞서 그 가르침에 '아니오'라고 말했던 예수처럼, 유교질서에 맞서 그 가르침에 '아니오'라고 말했던 이 땅의 초대교인들처럼 말이다. 이들로부터 양반의 특권과 행태를 왜, 어떻게 내동댕이쳐 버리는지를 배워야 한다고 나는 이야기 하였다. 오늘 이 땅의 기독교공동체 안에 생겨난 '새로운 양반들'을 질타하기 위함이었다.

한국기독교는 거대하고 육중한 몸을 과시하려고 '시청 앞 광장'으로 무리지어 나설 때가 아니다. 중세 말 위클리프나 후스의 교회개혁의 고언을 듣지 않다가 루터나 칼뱅에 이르러 로마교회가 뒤집힌 것을 기억한다면, 한국기독교는 여기저기서 들려오는 갱신의 외침을 듣고 회개의 길로 들어서야 한다. 그것은 1세기 팔레스타인의 예수로 돌아가고 19세기 말 이 땅의 초대교회의 교인들의 모습을 닮아가고자 하는 결단이 있고 난 뒤의 일이다.

맞섬과 초월의 눈으로 본
한국기독교역사

발행일 | 개정판 1쇄 2017년 9월 1일
지은이 | 박정신
펴낸이 | 최진섭
편　집 | 플랜디자인
펴낸곳 | 도서출판 말

출판신고 | 2012년 3월 22일 제 2013-000403호
주소 | 서울시 마포구 토정로 222(신수동 448-6) 한국출판콘텐츠센터 316호
전화 | 070-7165-7510
전자우편 | dream4star@hanmail.net
ISBN | 979-11-87342-06-9

ⓒ 박정신, 2017

- 값은 뒤표지에 있습니다.
- 잘못된 책은 본사나 구입하신 곳에서 바꾸어 드립니다.